BIBLIOTECA DE FILOSOFÍA DEL DERECHO

CARLOS ALARCÓN CABRERA
(Director)

Carlos Antonio Agurto Gonzáles
Sonia Lidia Quequejana Mamani
Benigno Choque Cuenca
(Coordinadores Generales)

Gabriela Acosta Pizarro

El estatus jurídico de los animales

Los animales como personas

Edición al cuidado de
Carlos Antonio Agurto Gonzáles
Sonia Lidia Quequejana Mamani
Benigno Choque Cuenca

Ediciones Olejnik

EL ESTATUS JURÍDICO DE LOS ANIMALES. LOS ANIMALES COMO PERSONAS

© Ediciones Olejnik
Huérfanos 611, Santiago-Chile
E-mail: contacto@edicionesolejnik.com
Web site: http://www.edicionesolejnik.com

Primera edición en Ediciones Olejnik: 2023

ISBN: 978-956-407-000-1

Diseño de Carátula: Ena Zuñiga
Diagramación: Janett Ruiz Rebaza

Impreso en Argentina 2023 Printed in Argentina

ÍNDICE

PRÓLOGO

EL OTRO CAMINO

I

"Los juncos se han marchitado en el lago,
y ningún pájaro canta"

(JOHN KEATS)

Ectopistes migratorius es un nombre científico que quizás no nos diga mucho (salvo a los especialistas en ornitología). Se refiere a una simple paloma torcaza, pero que vivía en estado salvaje en América del Norte, y que tenía vivos colores, según nos muestran las ilustraciones zoológicas de los libros del siglo XIX. Su nombre común era simplemente "paloma viajera", en vista de las multitudinarias y extensas migraciones que realizaban por los cielos norteamericanos. *Ectopistes migratorius* era la especie de ave más numerosa del hemisferio norte y también una de las más hermosas. Millones (cientos de millones) de aves parecían ensombrecer el cielo, sin que nadie pudiese describir el fenómeno como "plaga", sino como parte del despliegue formidable de una especie, que en nada alteraba el ecosistema. Sus migraciones masivas constituían un espectáculo sin par, que inspiró poemas, evocaciones y hasta arrebatamientos de "misticismo natural" en los testigos. Empero, esta bella especie sobrevive sólo en los textos de naturalistas decimonónicos. *Está completamente extinguida*; la última paloma viajera murió en un zoológico de Cincinnati en 1914. Ya hacia 1900, algunos diarios ofrecían recompensas para quien fuese capaz de dar la noticia de una sola pareja, de una simple pareja nidificando, es decir, de la especie en estado salvaje. Y hoy puede leerse, en el tardío monumento de homenaje dedicado a la malograda columbiforme, un poema de Aldo Leopold: "*Todavía viven algunas personas que recuerdan haber visto palomas (viajeras) en su juventud; aún quedan árboles en pie que fueron sacudidos por ese viento viviente. Pero dentro de unas décadas, sólo los viejos robles lo recordarán y, después, tan sólo las colinas lo sabrán*".

¿Cómo pudo extinguirse la paloma viajera norteamericana? ¿Qué fuerza tenebrosa se desató, como para provocar la extinción de una especie que contaba con cientos de millones de ejemplares? La pólvora, los explosivos y la inmisericorde depredación humana: he allí las claves de un horror zoocida que, como bien sabemos, se ha desatado una y otra vez sobre la faz del planeta (allí están los dodos, las alcas -los *pingüinos* originales- y las vacas marinas de Steller, para atestiguarlo); y se sigue desatando. En algún momento infausto, se estableció una suerte de pasión nacional: cazar palomas viajeras, mucho más allá de cualquier necesidad alimenticia. Félix Rodríguez de la Fuente, en el volumen 4 de la *Enciclopedia Salvat de la Fauna*, describe lo que ocurría una vez que se detectaban los dormideros de las aves: el estrépito de los disparos las hacía volar de súbito, a lo que iba a unirse la algarabía de la gente y, a veces, el crepitar de las llamas para hacerlas salir de sus nidos, pereciendo muchas de ellas chamuscadas. El naturalista español destaca que miles y miles de palomas estaban esparcidas por el suelo al amanecer, y cita a M. Edey, quien refiere carnicerías aún más numerosas: "Desde los nidales de Pensilvania, parte alta de Nueva York y Wisconsin, se recibían noticias de haber embarcado en unas semanas medio millón, un millón o dos millones de palomas. Sin duda otras tantas quedaban sin embarcar, abrasadas, pisoteadas, devoradas por los cerdos, estropeadas o, simplemente, sin recoger".

Aquí me detengo con las descripciones. ¿Cuál es el sentido de dar cabida a estas imágenes? Por supuesto, evocar el horror. Cuando se trata de este tema, lamentablemente, esta práctica ha demostrado ser necesaria. Pero admito que otra es, en realidad, mi intención como prologuista. Busco establecer un contrapunto. La horrible parábola de las palomas viajeras nos conmueve por el inmenso despliegue de estupidez y vesania que la hizo posible. Pero esta tragedia, y otras semejantes, no se explican sólo por remisiones a la malevolencia o insensibilidad de los humanos, aunque sean la manifestación más odiosa del problema; estos despliegues de destrucción sólo son congruentes con una visión del mundo y de la vida animal, como núcleo de los mismos; es decir, surgen de una específica forma de concebir a los animales, cual seres insensibles y que, por una suerte de un mandato cósmico indescifrable, han de estarnos sometidos, de modo ilimitado, a merced de nuestras necesidades y caprichos, con total prescindencia de su sufrimiento. Los animales no humanos aparecen como los *no-sujetos absolutos*.

II

"No tengo ni conozco nada que me permita decir, a priori,
que una vida humana de cualquier calidad, por muy baja que sea,
es más valiosa que la de cualquier animal, de cualquier calidad,
por alta que ésta sea"

(R. G. FREY)

Empero, la propuesta teórica de este libro es tanto más desafiante, pues trasciende el reino de la indignación moral o la compasión, por más legítimas que éstas sean. Gabriela Acosta propone un argumento que satisface nuestro intelecto. Se sirve del discurso jurídico para, a partir de allí, mostrarnos una poco frecuentada senda de reflexión y hasta de controversia, y en la cual se disuelven todas las objeciones clásicas al Derecho Animal. Nuestra autora explica, en páginas penetrantes, cómo se ha ido abriendo paso -en medio de no pocas controversias- la noción de los animales no humanos como *sujetos de derechos* o, en sentido más amplio y ambicioso, como *personas* (cual una forma de lograr que su protección jurídica sea plena y no quede en el círculo de la retórica omniabarcante y, por lo mismo, ineficaz). Es decir, se ubica en *el exacto opuesto* de la posición que reduce a los animales no humanos a una condición de no-sujetos absolutos. ¿Reconocimiento, para estos seres, de los derechos que son inherentes a la persona? Aunque algunos rasguen vestiduras por esta idea, aunque se invoque una condición preternatural que supuestamente se ve ultrajada por dicho reconocimiento, el libro nos muestra la viabilidad ética, filosófica y jurídica de la empresa.

Es necesario destacar que muchos seres humanos, desprovistos de lenguaje y, en ocasiones, hasta de conciencia, no ven mermados el reconocimiento que se les prodiga en las legislaciones modernas, al punto que nadie realmente se atreve hoy a discutir los fundamentos o la legitimidad de dicha protección. ¿Por qué? Pues, porque ni aun una eventual falta de conciencia erosiona su calidad de personas. Basta con pensar en el rechazo que es capaz de producir en nuestros días un opúsculo de 1919, redactado por un penalista y un psiquiatra, Karl Binding y Alfred Hoche, *La licencia para la aniquilación de la vida sin valor de vida*, en el que se aborda la cuestión de la eutanasia en algunos enfermos irrecuperables, sobre todo la de aquellos que están "mentalmente muertos", privados de conciencia. Cabe agregar que Binding y Hoche incluían a los mentalmente irrecuperables desde su nacimiento, es decir, no se trataba de liberar a los pacientes de su dolor y su agonía, no necesariamente al menos. Y es en este punto donde cabe citar uno de los más llamativos momentos del jurista y el médico: *"En el caso de un homicidio de un muerto mental que, conforme a la realidad y en razón de su estado cerebral, no está en condiciones de elevar una pretensión subjetiva en relación con cualquier cosa, y así tampoco lo está en relación a la vida, no se verifica ninguna lesión a una pretensión subjetiva"*. En virtud de ello, por tanto, podrían ser legítimamente privados de la vida... Un texto así, no sin razón, suscita un rechazo casi unánime en la conciencia jurídica contemporánea, y ello es debido a la potencia y a la persistencia del *estatus de persona* y de sujeto de derechos, *más allá de la condición en que su titular se encuentre*.

Es decir, la falta de voluntad, de conciencia de sí, de lenguaje, etc., son cuestiones que no invalidan la protección jurídica privilegiada que se les otorga a los seres humanos que podrían verse afectados por la "licencia" de que hablaban Binding y Hoche. ¿Por qué no, entonces, la aplicación de una doctrina similar a la que se opone a estos autores, para el caso de los animales no humanos, cuya supuesta "insensibilidad" ya no tiene carta de ciudadanía ante la ciencia biológica, y que distan mucho de estar "mentalmente muertos"? Una pretensión semejante, lo sabemos, puede provocar algunas expresiones de perplejidad, de mofa o, incluso, *de escándalo*. Pues aquí no se está solamente sustentando un Derecho Animal que limite la crueldad humana, con más o menos éxito, por la vía de las tradicionales restricciones al derecho de propiedad; va incluso más allá de los cambios legislativos de reciente data en el mundo, que reconocen a los animales como "seres sintientes" o que declaran de modo inequívoco que "no son cosas", hitos que constituyen naturalmente un progreso enorme, si se piensa en que todavía muchas voces consideran que se trata de declaraciones extravagantes. El paso que se propone acá es aún más radical, pues es mucho lo que está en juego. Hablar de *personalidad* "borderline" para póngidos y delfínidos es algo que ya conocemos y que nos resulta fácilmente concebible. ¿Y si se ampliase, de *lege ferenda*, su alcance? ¿Qué mecanismos de adhesión o resistencia pueden llegar a provocarse en los ambientes académicos (lo que ya está sucediendo)? ¿En base a qué criterio hemos trazado la línea demarcatoria entre una orca y un tiburón tigre, entre un orangután y un sifaka? Tengo, para mí, que el futuro del Derecho Animal dependerá de las respuestas a esta clase de preguntas.

III

"No sólo se ha cuestionado la condición de esclavos de los no humanos,
sino que, más allá de las apelaciones a la compasión
y el mero enfoque en las crueldades involucradas en la explotación animal,
ahora es posible defender la idea de que las vidas de los animales tienen valor,
que es inaceptable infligirles sufrimiento, incluyendo el que se usa para matarlos"

(PAOLA CAVALIERI)

Rachel Carson, bióloga marina y conservacionista estadounidense, publicó en 1962 uno de los libros más importantes del siglo XX: *La primavera silenciosa* (es "silenciosa" porque los pájaros han dejado de cantar). En él, denuncia y explica; muestra y enseña; apostrofa e ilumina. Su tema: los efectos de la acción humana sobre el ambiente (especialmente los efectos de los pesticidas) y las nefastas consecuencias que todo ello estaba acarreando. Pone especial énfasis en los insectos, esos sempiternos despreciados, envenenados y fumigados de a miles, de a millones, en un despliegue de destrucción que es absolutamente innecesario para proteger los cultivos, pues arrasa todo a su paso. Ese infinito desprecio por la vida, hasta ese momento casi incuestionado (pues se trataba del combate a las "plagas"), es retratado por Carson con inesperada solidez y convierte a su libro en un símbolo: a partir de su lectura, ya no se podían seguir reivindicando los beneficios de la ignorancia. Ahora bien, ¿por qué fue tan relevante esta obra para la galvanización internacional de la conciencia ecológica? Pues, porque en sus páginas la autora no se limitaba a la mera denuncia de los efectos perversos del industrialismo ecocida, lo que la habría asignado inmediatamente a la literatura retrorromántica, y a poco más que eso. Ella, en un esfuerzo encomiable, sistematizó la información biológica y bioquímica sobre el uso de pesticidas (en especial, del DDT); y pese a la densidad del argumento, es *La primavera silenciosa* un libro lleno de compromiso y de belleza, que es capaz de resumir poderosamente la estulticia catastrófica de la industria de la fumigación ecocida: "Nuestra alarmante desgracia es que una ciencia tan primitiva se haya armado a sí misma con la más moderna y terrible de las armas y que, al volverla contra los insectos, la ha vuelto también contra la Tierra". Rachel

Carson, sin ningún tinte melodramático, planteaba que la única posibilidad de salir de este inexorable destino de desolación y muerte era seguir "el otro camino", el que se sostenía es una visión del mundo natural que era antitética a la que abrió la Caja de Pandora del ecocidio.

De similar espíritu participa la obra de la jovencísima autora este libro. Gabriela Acosta Pizarro se decidió por los estudios jurídicos con una idea clara en su mente: la defensa de los derechos de los animales. Esto no sólo refleja calidad y nobleza de propósito; también nos habla de una aguda y precoz conciencia de un problema que, por razones obviamente culturales, suele estar relegado a un segundo plano (preterición y olvido que es, precisamente, lo que se busca superar): son miles de años en los que el *Homo sapiens* se ha vinculado con los animales, imponiendo un dominio aterrador, que no sólo convoca la reflexión filosófica sino, en la medida en que se comprende su enorme magnitud, que desafía al propio Derecho y a sus cimientos. Es ya incomprensible que un aspecto tan relevante de la existencia humana, como lo es la interacción con los demás animales, la que hunde sus raíces en los orígenes mismos de la civilización, haya cumplido un rol tan marginal en la reflexión jurídica. Pero todo eso ha comenzado a cambiar, y este libro es una enérgica demostración de tal aserto.

Gabriela Acosta inserta su labor en una auspiciosa corriente de ideas que ya ha comenzado a traducirse en publicaciones, en congresos y en convocatorias. Por supuesto, este trabajo descansa en una toma de conciencia profunda sobre el sufrimiento animal. Pero, sobre esa base anímica y ética, la autora nunca permite que la mera denuncia estremecida de lo que ve y sabe, aunque imprescindible, opaque o derogue aquello que está situado en el ámbito de la argumentación; la mirada compasiva se convierte en aliada de la coherencia lógica, del alegato razonablemente sustentado. Rigor y misericordia, en el argumento y en la perspectiva. Rigor y misericordia, también, en las fuerzas que se movilizan en quien se asoma a estas páginas. O, según la fórmula con que Leonardo Boff definió a San Francisco de Asís, "ternura y vigor", cualidades que la autora encarna en su quehacer en defensa de los animales e, incluso, en su propia persona.

Podemos leerle, hacia el final de su trabajo:

> "La capacidad para sentir (*sintiencia*) es condición suficiente para el reconocimiento de que un ente tenga un interés. Por consiguiente, debemos respetar los intereses de los animales no humanos, como el interés que tienen en vivir y no ser torturados; y éstos deben ser protegidos mediante el reconocimiento de derechos subjetivos, lo que tiene como consecuencia que los animales no humanos sean considerados sujetos de derecho".

Es una declaración prístina, simple, pero ¡cuán profunda! Y, sobre todo, cuán desafiante. Si esto pudiese convertirse en un programa de reconocimiento y acción materializados, si pudiese llevarse a la práctica globalmente, *asistiríamos a uno de los cambios culturales más portentosos de la historia de la Humanidad.*

Que cada quien pondere, a través de la lectura de este libro, el calado de los argumentos propugnados por las diversas posturas en liza, desde utilitaristas hasta abolicionistas, entre otros, y las diversas críticas de que son pasibles. Este *escribidor* de circunstancias, este advenedizo en la rama del Derecho Animal que ahora firma las páginas proemiales, sólo puede agradecer a la autora el que le haya permitido unir estas líneas a su texto, participando así de la Gran Obra -si me permiten-, que busca terminar con la pesadilla del sufrimiento animal de humana factura. Que fructifique cada pequeño o gran esfuerzo en pro de ese objetivo sublime.

Como señaló Paola Cavalieri, a quien ya citamos poco antes: "*En cierto sentido, se ha completado un círculo. Esa igualdad básica en el estatus moral que, en un contexto completamente diferente, fue percibida de manera abstracta (...) por las primeras fuentes de la sabiduría occidental, ahora se ha llenado con los resultados concretos de un análisis filosófico riguroso*". Y es que suenan los aldabonazos de una nueva época en la reflexión jurídica (que es, obviamente, filosófico-jurídica) sobre los derechos de los animales no humanos, y gozan de gran fortuna quienes pueden participar de esta aventura, inédita todavía en muchas de sus implicancias; no es extraño que las nuevas sendas sean holladas por juristas jóvenes. Por todo lo dicho, formulo votos para que este libro sea sólo el primer gran paso académico que da Gabriela Acosta en la defensa de los animales, esa idea que forjó su vocación y que la ha traído hasta aquí, al encuentro con Bentham, Singer o Regan. La autora, de pleno derecho, ha optado por el "otro camino" de que habló Rachel Carson, el más escarpado, el menos recorrido, el más difícil, qué duda cabe. Pero, ¿quién dijo que una gran expedición -que al mismo tiempo es un viaje del espíritu- debía ser fácil?

Mayo de 2021

SERGIO SÁNCHEZ RODRÍGUEZ

INTRODUCCIÓN

A lo largo de la historia, el ser humano ha utilizado de diversas formas a los animales no humanos para sus propios fines, como en la vestimenta, alimentación o entretención, originando diferentes tipos de explotación animal.

Estas crueles prácticas han sido avaladas por los distintos sistemas jurídicos existentes, incluido el de Chile, que les otorga la calificación jurídica de bienes muebles semovientes a los animales no humanos, según nuestro Código Civil. Esto tiene como consecuencia que los animales no humanos sean considerados como objetos de derecho y no como sujetos de derecho, negándoles así, cualquier tipo de derechos.

Sin embargo, esta clasificación no se condice con la verdadera naturaleza de los animales no humanos ya que estos tienen características propias, como lo es el lenguaje perteneciente a su especie, la capacidad de sentir dolor y experimentar placer, la autoconciencia, entre otras, que se asemejan más a los seres humanos que a meros objetos, debido a ello esta clasificación ha sido duramente criticada.

En la actualidad algunos países con legislaciones más modernas han optado por darles a los animales no humanos un estatus jurídico intermedio entre cosa y persona, el que se determina como seres dotados de sensibilidad o mejor conocidos como "seres sintientes", como es el caso de Francia. Otros países, han declarado en sus legislaciones que los animales no humanos "no son cosas" y que serán protegidos mediante leyes especiales, pero no le han otorgado un estatus jurídico definitivo, que sería el caso de Alemania y Suiza. No obstante, estas legislaciones no les otorgan reales derechos ni los consideran como sujetos de derechos.

Este ensayo busca analizar las distintas posturas doctrinarias que avalan la existencia de los derechos de los animales y busca también, criticar el actual estatus jurídico de los animales no humanos, proponiendo un estatus jurídico que sea conforme a su naturaleza.

1.
¿POR QUÉ LOS ANIMALES NO HUMANOS POSEEN DERECHOS?
LAS PRINCIPALES POSICIONES TEÓRICAS CONTRASTADAS

Tan arraigada está la cosificación de los animales no humanos que, en general, se les trata como meros objetos que son utilizados para satisfacer diversos intereses del ser humano. Esta concepción antropocéntrica pretende justificar la dominación que los seres humanos ejercen sobre el resto de los animales, pretendiendo legitimar y naturalizar la violencia y la crueldad desplegada contra ellos.

Sin embargo, este pensamiento se ha comenzado a cuestionar en este último tiempo, dando origen a un nuevo movimiento social. El movimiento de defensa animal surge en la década de los 70 del siglo XX en los países de habla inglesa, y rápidamente se extendió en el resto del mundo. Este movimiento tiene diversos antecedentes que abarcan desde la compasión budista hacia todos los seres vivos, el vegetarianismo de Pitágoras, las protestas de Plutarco contra el circo romano hasta la convicción de San Francisco de Asís de que los animales son nuestros hermanos menores. Se nutre también de la Ilustración, de las ideas de una época que luchó por los derechos humanos al tiempo que pedía el cese de la crueldad contra los animales en las voces de Bentham, Hume, Voltaire o Rousseau[1].

Este movimiento se basa fundamentalmente en la idea de que los animales no humanos tienen necesidades básicas e intereses que merecen un debido reconocimiento y protección.

La consolidación de este movimiento se traduce de varias maneras, una de ellas es que la defensa de los animales sea tratada de una forma académica. Así, encontramos varios autores que tratan el tema desde diversas perspectivas, ya sea que abogan por un trato mejor a los animales no humanos como Peter Singer en *Liberación animal* de 1975 o que derechamente hablan de que los animales no humanos sean considerados titulares de derechos como Gary Francione en *Animals, Property and the Law* de 1995. Otra manifestación de esta consolidación se deriva en la creación y adopción de ciertos acuerdos de protección animal, quedando de manifiesto la relevancia que ha

---

1 TAFALLA, M. 2007. La defensa de los animales: Razones para un movimiento moral. Revista cultural Crítica 57 (941):58-61.

tenido a nivel mundial este movimiento, en el cual encontramos la adopción de la Declaración Universal de los Derechos del Animal, proclamada el 15 de octubre de 1978 y aprobada por la UNESCO y por la Asamblea General de la ONU[2].

No obstante, al interior de este movimiento de defensa animal podemos encontrar dos corrientes totalmente irreconciliables: el bienestarismo y el abolicionismo.

El *bienestarismo* permite el uso de animales no humanos por parte de los seres humanos siempre y cuando reciban un trato de la forma más "humanitariamente" posible y no se les cause un sufrimiento "innecesario". Siguiendo esta teoría, el principal fin sería la regulación del uso animal[3]. Por el contrario, el abolicionismo tiene como principio rector la defensa de los derechos animales[4], el cual sostiene que todos los animales, tanto humanos como no humanos, comparten el mismo derecho: *el de no ser tratados como propiedad de otro*. Además, señala que todos poseemos un valor inherente que se debe respetar, lo que conlleva a la existencia y justificación de los derechos animales. Lo anterior tiene como consecuencia práctica el fin de toda explotación animal.

Vemos así que los bienestaristas responden a una visión antropocéntrica del mundo, defendiendo la utilización y el trato humanitario de los animales no humanos, a diferencia de los abolicionistas que son, para muchos, los únicos que podrían reconocerse como genuinos "antiespecistas" ya que vendrían a proponer verdaderos derechos animales y no meras leyes de bienestar animal.[5]

Gary Francione ha puesto de manifiesto las diferencias absolutamente insalvables que existirían entre ellas:

> "Durante los últimos cien años, hasta finales de la década de 1970, la preocupación por los animales se había limitado a asegurar que fueran tratados 'humanamente' y que no fueran sometidos a sufrimientos 'innecesarios'. Esta posición, conocida como la óptica del *bienestar animal*, acepta la legitimidad del trato instrumental de los animales, como medios para fines humanos, siempre que se empleen ciertas salvaguardas [...] El fin de los años 70 y la década de los 80, estuvieron marcados por la emergencia del movimiento por los *derechos de los animales*, que mantuvo la tradición del bienestar de los animales, como seres sensibles deben

2 LIGA INTERNACIONAL DE LOS DERECHOS DEL ANIMAL. 1977. Declaración Universal de los Derechos de los Animales. [en línea] < http://www2.me.gov.ar/efeme/diaanimal/derecho.html> [consulta: 5 de Octubre 2017].

3 VALDIVIA, H. 2016. Ética animal: bienestar de los animales no humanos contra el especismo contemporáneo. Memoria de Filósofo. Lima, Universidad Nacional Mayor de San Marcos. 53 p.

4 Ídem.

5 VÁZQUEZ, R. y VALENCIA A. 2016. La creciente importancia de los debates antiespecistas en la teoría política contemporánea: del bienestarismo al abolicionismo. Revista Española de Ciencia Política (42): 153.

ser protegidos de la crueldad innecesaria, pero añadió un nuevo lenguaje de 'derechos'. Para simplificar el tema, los asistencialistas buscan la regulación de la explotación animal; los partidarios de los derechos animales buscan su *abolición*. La necesidad de distinguir los derechos de los animales del bienestar animal es clara no solo por las inconsistencias teóricas entre las dos posiciones, sino también porque los defensores más ardientes de la explotación animal institucionalizada respaldan el bienestar animal. Casi todo el mundo, incluidos los que utilizan animales en experimentos dolorosos o los sacrifican como alimento, acepta como proposiciones abstractas que los animales deben ser tratados 'humanamente' y no deben ser sometidos a sufrimientos 'innecesarios'. La teoría de los derechos de los animales rechaza explícitamente este enfoque, sosteniendo que los animales, como los humanos, tienen un valor inherente que debe ser respetado. La visión de los derechos refleja un cambio de una vaga obligación de actuar 'humanamente' a una teoría de la justicia *que rechaza el estatus de los animales como propiedad y la correspondiente hegemonía de los humanos sobre los no humanos*".[6]

A continuación, será presentada una revisión de las posturas filosóficas así enfrentadas, en referencia a sus defensores más representativos.

1.1. EL UTILITARISMO

El utilitarismo es la tesis moral según la cual una acción es moralmente adecuada si y sólo si produce al menos tanto bien (utilidad) para las personas afectadas por la acción, como cualquier acción alternativa que pudiera ser ejecutada en su lugar.[7]

El utilitarismo tiene en consideración cada interés en función únicamente del peso que este tenga, independientemente de quién sea su poseedor. De lo contrario, se incumpliría la prescripción que define a esta teoría: la maximización de la utilidad total, esto es, la consecución de la máxima satisfacción posible de la suma de los intereses que puedan tener los distintos individuos.[8]

Sin embargo, podemos encontrar distintos tipos de utilitarismo, entre los cuales cabe diferenciar, en lo que aquí interesa, el *utilitarismo clásico* y el *utilitarismo de la preferencia.*

El utilitarismo clásico identifica la corrección de una acción con la obtención del mayor saldo de felicidad posible, que equivale a la producción de la mayor cantidad de experiencias positivas posibles, las cuales se conocen como "experiencias placen-

---

6 FRANCIONE, G. 1996. *Rain without Thunder*. Philadelphia, Temple University Press. pp. 1-2.

7 AUDI, R. 2004. *Diccionario Akal de Filosofía*. Akal. 999 p.

8 HORTA, O. 2009. El cuestionamiento del antropocentrismo: distintos enfoques normativos. *Revista de Bioética y Derecho* (16):36.

teras". En cambio, el *utilitarismo de la preferencia* busca la mayor satisfacción de las preferencias o intereses de los individuos.

La diferencia sustancial entre estos dos tipos de utilitarismos concierne a cuál es la correspondiente *medida de satisfacción*: para el utilitarismo clásico sería el placer o la felicidad del individuo, y para el utilitarismo de la preferencia, sería las preferencias o intereses de los individuos.

Por lo tanto, el utilitarismo de la preferencia juzga las acciones, no ya por su tendencia a maximizar el placer o minimizar el dolor, que es lo que propone el utilitarismo clásico, sino por la extensión del acuerdo de tales acciones con las preferencias de los seres afectados por la acción o sus consecuencias[9].

Veremos a continuación los autores más influyentes que se identifican con cada una de estas clases de utilitarismos respectivamente.

1.1.1. Jeremy Bentham

Fue un filósofo británico de la ética y de la teoría político-legal. Su mayor obra publicada fue *An Introduction to the Principles of Morals and Legislation* de 1789. Es considerado el padre del utilitarismo clásico.

Según Audi, para Bentham el placer es el único bien y el dolor el único mal. Bentham presenta una lista de ejemplos de lo que entiende por *placer*, como placeres del gusto o del olfato; placer ante la adquisición de una propiedad o placer ante la ostentación de poder. Bentham fue también un hedonista psicológico: el placer y el dolor determinan lo que hacemos.[10]

> "El propósito de Bentham no es decirnos con exactitud cómo determinar si una acción o medida social es correcta o no, sino proponer un cálculo hedonístico: para comparar dos acciones consideradas, procédase a enumerar los placeres o displaceres que cada una de ellas puede llegar a producir –la intensidad, la duración, el hecho de si son próximos o remotos, incluyendo cualquier placer o dolor derivado que puedan ser causados de forma ulterior– y súmense todos ellos para cada una de las personas que se vean afectadas. Es evidente que estas instrucciones sólo pueden suministrar en el mejor de los casos resultados aproximados".[11]

Bentham es uno de los primeros filósofos en ocuparse del problema del bienestar animal. Bentham reivindica la idea de *igualdad moral*, esto es, hay que considerar por igual las capacidades de todos los afectados por una acción. De este modo, pone el

---

9 GÓMEZ, P. 1995. Caracteres generales de la filosofía utilitarista y su incidencia en la concepción de los derechos. *Revista de Derecho de la Universidad Católica de Valparaíso* (16): 176.

10 AUDI, R. op. cit., p. 100.

11 Ibid, p. 101.

énfasis en la *capacidad de sentir* como la línea infranqueable para considerar tanto a un ser humano como a un animal no humano.

El párrafo más conocido de Bentham, a este respecto, es el siguiente: "Puede llegar el día en que el resto de la creación animal adquiera esos derechos que nunca podrían haberle sido negados si no fuera por la acción de la tiranía [...] Puede llegar un día en que el número de patas, la vellosidad de la piel o la terminación del hueso sacro sean razones igualmente insuficientes para abandonar un ser sensible a la misma suerte. ¿Qué más es lo que podría trazar la línea insuperable? ¿Es la facultad de la razón o quizás la facultad del discurso? Un caballo o un perro adulto es sin comparación un animal más racional y más sociable que una criatura humana de un día, una semana o incluso un mes. Pero, aunque no fuera así, ¿qué nos aclararía? No debemos preguntarnos: *¿Pueden razonar? ¿Pueden hablar? Si no: ¿Pueden sufrir?*"[12]

En este pasaje, Bentham postula la capacidad de sufrimiento como la característica básica que le otorga a un ser el derecho a una consideración igual y es un requisito para poseer cualquier otra capacidad.[13] Por consiguiente, la capacidad para sufrir y disfrutar es una condición suficiente para el reconocimiento de que un ente tiene un interés, aunque sea mínimo, en no sufrir.

Peter Singer se refirió a Bentham y señaló: "Jeremy Bentham, fundador de la escuela de filosofía moral del utilitarismo reformista, incorporó a su sistema ético la base esencial de la igualdad moral mediante la siguiente fórmula: '*Cada persona debe contar por uno, y nadie por más de uno*'. En otras palabras, los intereses de cada ser afectado por una acción han de tenerse en cuenta y considerarse tan importantes como los de cualquier otro ser".[14]

1.1.2. Peter Singer

Este filósofo australiano es conocido por poner en la palestra las maneras en que son maltratados los animales en distintos ámbitos, que van desde la alimentación hasta la experimentación, así como por masificar el término *especieísmo.*

A diferencia de su antecesor Bentham, Singer aboga por el *utilitarismo de la preferencia.* Singer señala que lo moralmente relevante para considerar a un individuo es su capacidad para tener preferencias, es decir, ser autoconsciente. A diferencia de los seres meramente conscientes, los seres autoconscientes, como los seres humanos, no sólo tienen experiencias placenteras y dolorosas, sino *preferencias.*[15] En sus palabras, Singer sostiene lo siguiente: "Una acción contraria a la preferencia de cualquier ser es incorrecta, salvo que esa preferencia sea superada por preferencias

---

12 BENTHAM, J. 1907. Introduction to the Principles of Morals and Legislation. Oxford, Clarendon Press. 282 p.

13 SINGER, P. 1990. Liberación animal. 2a ed. Madrid, Editorial Trotta. 43 p.

14 Ibid, p. 41.

15 DE LORA, P. 2003. *Justicia para los animales.* Madrid, Alianza. p. 199.

contrarias con mayor peso. Matar a una persona que prefiere seguir viviendo es así erróneo, permaneciendo estables todos los demás factores. A diferencia del utilitarismo clásico, el utilitarismo de la preferencia hace del asesinato un mal directo hecho a la persona matada puesto que es un acto contrario a sus preferencias. El hecho de que la víctima no siga ahí para lamentar que sus preferencias han sido arruinadas es irrelevante."[16]

Singer señala que, a diferencia del utilitarismo clásico, el utilitarismo de la preferencia entiende por "las mejores consecuencias" lo que, en general, favorece los intereses de los afectados, y no meramente como lo que aumenta el placer y reduce el dolor.[17]

Por otro lado, el concepto *especieísmo* que mencione anteriormente, mejor conocido como "especismo", es una concepción que conduce a la sustentación de una práctica discriminatoria que se hace en contra de aquellos individuos que no pertenecen a la especie humana. Este término es acuñado por primera vez en 1970 por Richard Ryder y masificado por Peter Singer en su libro *Liberación Animal* de 1975, quien define a su vez el especieísmo como un prejuicio o actitud parcial favorable a los intereses de los miembros de nuestra propia especie y en contra de los de otras.[18]

Liberación Animal relata la crueldad que sufren los animales no humanos en diversas industrias, como en las granjas industriales o la vivisección de animales en la biomedicina y en la industria cosmética. En este libro, Singer expone la idea de que los humanos otorgamos consideración moral a otros humanos, no sobre la base de la inteligencia, ya que tenemos el caso de los niños, bebés o de humanos mentalmente discapacitados donde claramente no poseen esta característica, sino de nuestra capacidad para experimentar dolor y placer. Esto se conoce como *el argumento de los casos marginales*.

A grandes rasgos, el argumento de los casos marginales busca demostrar la inconsistencia que implica reconocer que todo individuo de la especie humana es titular de ciertos derechos, a pesar de que algunos de ellos, como los nombrados anteriormente, no son capaces de verse afectados por las acciones de otros, mientras que se niega el reconocimiento de tales derechos a animales no humanos que sí son capaces de ello.

Al respecto, De Lora señala lo siguiente: "No todos los seres humanos requieren de la protección de sus bienes o intereses mediante la técnica de los derechos, pues sencillamente no cuentan ni con una cosa ni con la otra. Inversamente, muchos animales no humanos sí tienen intereses o bienes que proteger. Muchos animales son

---

16 SINGER, P. 1990 «Animals and the Value of Life», en *Matters of Life and Death. New Introductory Essays in Moral Philosophy*, Tom Regan (ed.), McGraw-Hill, (ed., 1980). 298 p.

17 SINGER, P. 1979. *Ética práctica*. 2ª ed. Cambridge, Cambridge University Press. 17 p.

18 Ibid, p. 42.

tan pacientes morales como muchos seres humanos: por ejemplo, los niños pequeños. Algunos seres humanos ni siquiera llegan a esa categoría, pues no tienen la capacidad de verse afectados por las acciones de los demás: las personas en estado de coma; los niños anencefálicos; los seres humanos severamente discapacitados; los fetos humanos en los primeros estadios de la gestación. Todos ellos, sin embargo, por su simple pertenencia a la especie humana, tienen algunos derechos básicos. Por contra, todos los animales, meramente por no pertenecer a la especie humana, no cuentan con derecho básico alguno"[19].

Puesto que los animales también disponen de la capacidad de sentir, excluir a los animales de nuestra consideración moral es una forma injustificada de discriminación, constitutiva de *especieísmo*. Es importante señalar que su aproximación al estatus moral de los animales no se basa en el concepto de derechos, sino en el principio utilitarista de igual consideración de intereses, conocido como el *principio básico de la igualdad*.

Singer plantea lo siguiente en relación a esto: "Obviamente, existen diferencias importantes entre los humanos y otros animales y tienen que dar lugar a ciertas diferencias en los derechos que tenga cada uno [...] Extender de un grupo a otro el principio básico de la igualdad no implica que tengamos que tratar a los dos grupos exactamente del mismo modo, ni tampoco garantizar los mismos derechos a ambos [...] *El principio básico de la igualdad no exige un tratamiento igual o idéntico, sino una igual consideración*. Considerar de la misma manera a seres diferentes puede llevar a diferentes tratamientos y derechos".[20] Por lo tanto, este principio se basa en exigir una igual consideración independiente de las capacidades que cada cual posea, indistintamente de la especie a la que se pertenezca.

La esencia del principio de igual consideración de intereses es que en nuestras deliberaciones morales hemos de dar la misma importancia a los intereses de todos aquellos a quienes afectan nuestras acciones.[21]

En resumen, para rechazar el maltrato hacia los animales y proponer el bienestar de estos, Singer se basa en la combinación de una constatación fáctica (la mayoría de los animales que nos comemos tienen capacidad de sufrimiento) y de un principio moral: la igual consideración de los intereses de todos aquellos seres a quienes podemos afectar con nuestros actos.

En concordancia con lo anterior, Singer explica que, dado que todos los animales sufrimos, el dolor de los animales no humanos ha de importarnos moralmente. Pues ellos intentan evitar las situaciones dañosas, por lo que tienen un interés en no sufrir que debe ser respetado. Sin embargo, en este punto de su argumentación, el valor que como utilitarista da a la suma final de bienestar y placer, hará que los conflictos de in-

19 DE LORA, P. op. cit., p. 189.

20 SINGER, P. *Ética práctica*. op. cit., p. 38.

21 Ibid., p. 25.

tereses entre humanos y animales se resuelvan, muchas veces a favor de los intereses humanos. Debido a estos matices, su argumentación a favor de los animales ha sido fuertemente criticada.[22]

Así, Singer no condena específicamente que se utilicen animales para el consumo humano, sugiriendo más bien que matar animales sería moralmente aceptable siempre que se minimice el dolor lo más posible. Tampoco condena totalmente la vivisección, siempre que los métodos conlleven el menor sufrimiento.

Para ejemplificar mejor lo dicho anteriormente, se reproducirá en lo que sigue algunos pasajes del libro *Liberación animal.*

En el capítulo I, Singer señala lo siguiente: "En cualquier caso, las conclusiones defendidas en este libro se desprenden exclusivamente del principio de minimizar el sufrimiento."[23]

En lo que concierne a la experimentación con animales, Singer manifiesta: "Quizás sea justificable que las drogas que potencialmente son salvadoras de vidas tengan que experimentarse antes con animales."[24]

Conforme a la producción de huevos, Singer plantea: "Basándonos en las razones aquí apuntadas, yo no me opongo en principio a la producción de huevos de corral."[25]

Por lo antes dicho, vemos que Singer ampara el bienestarismo y no aboga por la completa abolición de la explotación de los animales.

Otro libro famoso de Singer es Ética practica el cual, como su nombre lo indica, trata sobre la aplicación de la ética a temas prácticos tales como el trato a las minorías étnicas, la igualdad para las mujeres, el uso de los animales como alimento o para la investigación, la conservación del medio ambiente, el aborto, la eutanasia, y la obligación de los ricos de ayudar a los pobres.[26]

En razón a la capacidad de sentir dolor y experimentar placer, Singer sostiene lo siguiente: "Si un ser sufre, no puede existir ningún tipo de justificación moral para rechazar que ese sufrimiento sea tenido en cuenta. Cualquiera que sea la naturaleza del ser, el principio de igualdad requiere que el sufrimiento sea considerado de igual manera que igual sufrimiento de cualquier otro ser -en tanto en cuanto se puedan establecer comparaciones de esta índole-. Si un ser no es capaz de sufrir, o de experimentar gozo o felicidad, no existe nada para tener en cuenta. Ésta es la razón por la que el límite de la sensibilidad (usando el término como forma conveniente, aunque no del

22 LEYTON, F. 2010. Literatura básica en torno al especismo y los derechos animales. *Revista de Bioética y Derecho* (19):15.

23 SINGER, P. *Liberación animal.* Op. cit., p. 58.

24 Ibid., p. 89.

25 Ibid., p. 222.

26 SINGER, P. *Ética práctica.* Op. cit., p. 1.

todo exacta, para referirnos a la capacidad para sufrir o para experimentar placer o felicidad) es el único límite defendible de preocupación por los intereses de los demás. Señalar este límite mediante alguna característica como la inteligencia o la racionalidad, sería restringirlo de forma arbitraria. ¿Por qué no elegir otra característica, como por ejemplo el color de la piel?"[27]

Lo expuesto por Singer no ha estado exento de críticas por distintos defensores de los derechos animales. Autores como Gary Francione defienden que el hecho de poseer la capacidad de sentir supone tener intereses que deben ser respetados; por tanto, no está justificado el uso de animales no humanos aun cuando ello pudiera influir en un beneficio social, lo cual supone un rechazo del utilitarismo como tal. Asimismo, Singer defiende una reforma de la legislación que afecta a los animales no humanos, donde solo se busca el bienestar animal, mientras que los defensores de los derechos animales rechazan el concepto de propiedad aplicado a los animales en estas leyes, luchando contra todo tipo de explotación hacia los animales no humanos.

1.2. ¿POR QUÉ UNA TEORÍA DE DERECHOS ANIMALES NO ES COMPATIBLE CON EL UTILITARISMO?

Es indiscutible que el utilitarismo ha tenido gran influencia en el movimiento de liberación animal, sin embargo, este puede ser arduamente criticado desde distintos flancos ya que no es compatible con una teoría ética que consagre los derechos animales.

De acuerdo con el utilitarismo, el bienestar de cada individuo debe ser tomado en cuenta. Si en nuestras decisiones morales no tomamos en cuenta los intereses de alguien que tiene experiencias positivas o negativas, entonces no estamos tomando en cuenta la suma total de sus intereses. Esta teoría tiene en cuenta cada parte de sufrimiento y cada parte de felicidad, lo que implica tener en cuenta tanto las experiencias de los animales no humanos, como las de los humanos.

No obstante, según el utilitarismo el uso de animales no humanos (incluso la utilización de animales humanos), puede ser aceptable si la felicidad que brinda su explotación es mayor que el daño que causa. Igualmente, el utilitarismo no pone límites a lo que se puede hacer o no hacer con un animal no humano, pues sólo señala que debe sufrir lo mínimo posible, dando paso a una discrecionalidad absoluta por parte de los seres humanos.

Además, el utilitarismo no resguarda al individuo *per se*, sino su maximización de intereses, por lo que prácticamente todo el *cálculo moral* se reduce a una agregación de preferencias. Desde este punto de vista, nadie cuenta específicamente, no hay ninguna diferencia entre un individuo y otro. Sólo importa las unidades de satisfacción y no importa cómo se encuentran distribuidas.

27 Ibid, p. 72-73.

1.2.1. Críticas de Tom Regan

Regan sostiene que la postura utilitarista descansa en dos principios.

El primero es un principio de igualdad que declara que los deseos, necesidades, esperanzas, etc., de diferentes individuos, cuando son de igual importancia para estos individuos, son de igual valor sin importar quienes sean los individuos. Este principio de igualdad de intereses pareciera proporcionar un fundamento filosófico para evitar las más burdas formas de prejuicio, como lo son el racismo, sexismo y especieísmo, pero veremos que no lo consigue.[28]

El segundo es un principio de utilidad que señala que debemos actuar de modo tal que produzcamos el mayor saldo posible del bien sobre el mal; por ejemplo, el mayor saldo posible de satisfacción sobre insatisfacción, tomando en cuenta los intereses de todos los afectados y concediendo el mismo peso a intereses iguales. Ahora bien, ya que los animales tienen intereses, deben tomarse en cuenta sus intereses, y puesto que sus intereses son para ellos frecuentemente tan importantes como lo son para los seres humanos intereses comparables, a sus intereses se les debe dar el mismo peso que a los intereses humanos comparables.[29]

Mas esto no es así, ya que Singer busca la maximización del bien general y si es necesario, acepta el sacrificio de los intereses particulares que un individuo pueda tener en beneficio de este bien general. En otras palabras, Singer admite que en ciertas circunstancias se pueden utilizar a los animales no humanos en beneficio de los seres humanos. A partir de esto, vemos cómo los intereses de los animales no humanos tienen menor valor que los intereses humanos, según Singer.

El utilitarista puede estar en contra de la crueldad animal, pero dentro de esta teoría lo correcto y lo incorrecto están determinados por las consecuencias, no por sentimientos e intenciones: las restricciones morales ordinarias al modo como podemos tratar a los animales se explican porque son necesarias si no queremos violar el principio de la igualdad de intereses o si hemos de tener éxito en producir el mayor saldo posible de lo bueno sobre lo malo.[30]

Ahora, en relación con las razones por las cuales deberíamos ser vegetarianos, el principal argumento de Singer es que la cría intensiva de animales y la experimentación en animales violan el principio de igualdad de intereses. Tenemos razones para creer que los animales involucrados tienen un interés en que no se les haga sufrir, y tenemos razones adicionales para creer que este interés es tan importante para ellos como lo es el mismo interés en los seres humanos. Singer afirma que es incorrecto hacer a los animales lo que no haríamos a los humanos. No puede ser correcto criar animales intensivamente o utilizarlos para la experimentación si nos oponemos moralmente a hacer estas cosas a los seres humanos.[31]

---

28 REGAN, T. 1980. Animal rights, human injustices. *Environment Ethics* 2 (2): 250.

29 Ídem.

30 Ibid, p. 250-251.

31 Ibid, p. 251.

Lo que manifiesta Singer no es completamente convincente porque nos muestra que los animales son tratados de manera diferente que los seres humanos, pero no que este trato diferencial viole el principio de igualdad de intereses o el principio de utilidad.

Respecto al principio de igualdad, podemos concederle el mismo peso a intereses iguales, sin importar de quién son esos intereses, y aun así tratar a los individuos de manera bastante diferente. En general, la cuestión es ésta: el trato diferencial de individuos con intereses iguales no viola por sí mismo el principio de igualdad de intereses.[32] Este argumento incurre en una petición de principio. Presupone que, por tratar de manera diferente a los individuos involucrados, concedemos distinto peso a sus intereses iguales.[33]

Respecto al principio de utilidad, el problema es que Singer no demuestra que el trato diferencial de los animales no humanos vaya en contra del objeto utilitarista de producir el mayor saldo posible de bien sobre el mal. Por otro lado, Singer necesita presentar un argumento fuerte a favor de la tesis de que no criar animales intensivamente o no usarlos rutinariamente en la experimentación conduce, habiéndolo considerado todo, a mejores consecuencias que las que ahora resultan de tratar a los animales de este modo. Vemos entonces que el principio de utilidad no logra mostrar que sea incorrecto tratar a los animales como actualmente se les trata en las granjas modernas y en la investigación científica.[34]

El problema del principio de utilidad es que es un arma de doble filo: podría ser usado para justificar los tipos más radicales de trato diferencial entre individuos o grupos de individuos, y así podría justificar formas de racismo y sexismo, pues estos prejuicios pueden tomar diferentes formas y encontrar expresión de diferentes maneras. Otorgar un trato diferencial no es lo mismo que violar el principio de igualdad de intereses. Es totalmente posible, por ejemplo, conceder el mismo peso a iguales intereses de negros y blancos (respetando de este modo el principio de igualdad) y aun así discriminar entre razas cuando se trata de ver qué se permite a los miembros de cada raza para perseguir estos intereses, haciéndolo sobre la base de que tal discriminación promueve el objeto utilitarista.[35]

El mismo tipo de argumento puede mostrar una posible justificación utilitarista de un especismo análogo. Concedemos el mismo peso a iguales intereses animales y humanos; sólo que las consecuencias de tratar a los animales de maneras en que los humanos no son tratados (como la crianza intensiva de animales) son mejores que las otras situaciones. Puesto que Singer no nos proporciona datos empíricos que muestren que las consecuencias serían mejores si nosotros cambiáramos, se podría seguir que el

32 Ídem.

33 Ibid, p. 252.

34 Ibid, p. 253.

35 Ibid, p. 253-254.

actual modo especista de tratar a los animales podría justificarse, perpetuando así, este trato injusto y abusivo para con ellos.[36]

En conclusión, y de acuerdo con Regan, la posición utilitarista de Singer resulta criticable ya que no logra demostrar que la diferencia del trato que efectivamente damos a animales y a seres humanos viole el principio de igualdad de intereses o el principio de utilidad.

1.2.2. Críticas de Gary Francione

Francione hace una dura crítica al utilitarismo de Bentham y al de Singer donde los analiza por separado en su texto "El error de Bentham (y el de Singer)".

En relación a Bentham afirma: "La teoría de Bentham —el principio del tratamiento humano, que nos impone el que tenemos la obligación directa de no causar a los animales sufrimientos innecesarios— representó el giro más dramático en nuestro pensamiento sobre el estatus moral de los animales [...] La teoría de Bentham cambió nuestra manera de pensar sobre estos asuntos, y se convirtió en una teoría tan ampliamente aceptada y tan incontrovertida que se incorporó a las leyes sobre el bienestar de los animales que intentaban tomar seriamente los intereses de los animales y prohibir su sufrimiento 'innecesario' [...] Esas leyes no lograron proporcionar una protección significativa a los animales puesto que los animales son propiedad nuestra y su estatuto como tal propiedad les impide tener significación moral."[37]

Francione sostiene que Bentham rechazó el estatuto de los humanos como propiedad de alguien: se opuso a la esclavitud humana.[38] Pero Bentham jamás puso en cuestión el estatuto de los animales como propiedad o recurso de los humanos. La razón de esto está relacionada con su punto de vista en cuanto a que los animales, al igual que los humanos, tienen interés en no sufrir, pero, a diferencia de los humanos, no tendrían interés alguno en su propia supervivencia.[39] De acuerdo a lo anterior, a los animales no les importa si nos los comemos, pues no tienen interés alguno en no ser asesinados.

Bentham estaba de acuerdo en que los animales no eran autoconscientes y en que, por lo tanto, había una distinción cualitativa entre los humanos y los animales que nos permitiría tratarlos como cosas por lo que respecta a sus vidas, pero no tratarlos como cosas en relación con sus intereses en no padecer sufrimientos.[40]

> "Hay al menos dos serios defectos en el enfoque de Bentham. En primer lugar, la afirmación de que los animales están dotados de sensación, pero

---

36 Ibid, p. 254.

37 FRANCIONE, G. 1999. El error de Bentham (y el de Singer). *Revista Teorema*. 9(19): 40.

38 Ídem.

39 Ibid, p. 41.

40 Ibid, p. 42.

no tienen autoconciencia ni interés en continuar en la existencia es problemática. En segundo lugar, una vez que Bentham ha aceptado que humanos y animales eran cualitativamente distintos, permitiéndonos usar a los animales como recursos reemplazables, pero no usar a los humanos como tales, nos hace imposible el tratar los intereses animales como moralmente significativos".[41]

En relación con Singer, Francione señala que Singer basa sus puntos de vista directamente sobre la teoría de Bentham, y mantiene que no necesitamos extender a los animales el derecho básico de no ser propiedad de alguien para conceder significación moral a los intereses de los animales.[42] Lo que propone Singer es que sigamos tratando a los animales como nuestra propiedad, pero que no los tratemos sólo como mercancías, tal como lo contemplan las actuales leyes del bienestar animal.[43]

Singer mantiene que la mayor parte de los humanos (con la excepción de los discapacitados mentales profundos o con daños cerebrales irreparables) son autoconscientes y tienen una "existencia mental continua".[44] Los humanos se dan cuenta de que tienen una vida en el sentido de que se requiere comprensión de lo que es vivir a lo largo de un período de tiempo.[45] Son la clase de seres que tienen la *capacidad de pensar sobre el porvenir y tener esperanzas y aspiraciones sobre el futuro*.[46] Por lo tanto, Singer presume que el principio de igual consideración significa que no deberíamos usar a los humanos normales como recursos porque los humanos son autoconscientes y tienen deseos para el futuro, tienen un interés en vivir.[47]

"Singer mantiene que los animales —con la posible excepción de los chimpancés, los orangutanes y los gorilas— no son autoconscientes y no tienen una 'existencia mental continua' ni deseos para el futuro. *Los animales tienen interés en no sufrir, pero no tienen interés en continuar viviendo*. Para Singer el que los animales carezcan de autoconciencia significa que no tienen interés *per se* en no ser considerados como recursos o propiedad de los humanos".[48] Por lo tanto, por regla general los animales serían recursos reemplazables y los humanos serían recursos no reemplazables.

Singer mantiene que ya que los animales no son autoconscientes podemos matarlos porque la muerte no es daño alguno para los animales, pero tenemos una obligación directa respecto de los animales de tomar seriamente sus intereses en no sufrir.[49]

---

41 Ídem.

42 Ídem.

43 Ibid, p. 43.

44 SINGER, P. *Animal Liberation*. op. cit., p. 228.

45 Ibid, p. 229.

46 Ibid, p. 20

47 FRANCIONE, G. El error de Bentham (y el de Singer). op. cit., p 43.

48 Ibid, p. 44.

49 Ídem.

En razón a la posición de Singer, deberíamos considerar dos aspectos de su teoría que son directamente paralelos a la de Bentham: el punto de vista de Singer de que los animales no tienen interés en la vida (como algo distinto de tener interés en no sufrir) puesto que no son autoconscientes, y su punto de vista de que podemos aplicar significativamente el principio de igual consideración a los intereses de los animales en no sufrir sin extender a ellos una protección similar del tipo de los derechos para sus intereses en no ser considerados como propiedad de los humanos.[50]

En relación con que los animales no humanos no poseen autoconciencia e interés en la vida, Francione señala: "La primera razón para rebatirla es que los seres dotados de sensación son capaces de experimentar dolor y placer. Tienen interés en evitar el sufrimiento, pero tienen también interés en conseguir cualquier cosa que prefieran, deseen o quieran".[51] La capacidad de experimentar dolor y placer no es un fin en sí mismo, el estar dotados de sensación es un medio para un fin: el de permanecer vivos.[52]

"Además, cualquier ser que está dotado de sensación es también autoconsciente en un sentido moralmente relevante. Puede decirse que todos los seres dotados de sensación tienen intereses en sus vidas dado que no son indiferentes a lo que les sucede. Si, como Singer mantiene, los animales no son autoconscientes, entonces es difícil de explicar cómo aprende un animal, a menos que consideremos toda la conducta animal sólo como un asunto de condicionamiento del tipo estímulo-respuesta".[53] Si la conciencia del animal fuese una corriente de "imágenes" sin conexión alguna entre ellas, tendríamos serias dificultades para explicar la mayor parte de la conducta animal.[54]

En segundo lugar, no se puede aseverar a ciencia cierta que ningún animal, aparte de los humanos y seguramente los grandes simios, tiene un sentido del futuro. Por ejemplo, cualquier ser humano que haya convivido con un perro puede asegurar que los perros anticipan eventos futuros.[55]

En tercer lugar, la teoría de Singer es confusa porque parece admitir en cierto nivel que los animales son autoconscientes y que tienen interés en la vida. Reconoce que algunos animales, como los perros y los cerdos, tienen un grado mayor de autoconciencia y una capacidad mayor de tener relaciones relevantes con otros, a diferencia de un niño que tenga una deficiencia mental profunda o alguien que esté en estado de coma. También señala que un animal "puede luchar en contra de una amenaza para su vida", pero no considera esto como prueba de que el animal tiene interés en su vida.[56]

---

50 Ibid, p. 45.

51 Ídem.

52 Ibid, p. 46.

53 Ídem.

54 Ibid, p. 47.

55 Ídem.

56 Ibid, p. 47-48.

En cuarto lugar, Singer infiere que los humanos tienen un tipo representacional de autoconciencia, esto quiere decir que tienen "poderes mentales superiores", y pueden tener planes para el futuro y, en concordancia pueden tener más intereses (para continuar esos planes) que los animales, que no hacen planes para el futuro. Sin embargo, esto no es del todo cierto ya que hay evidencia etológica que indica claramente que muchos animales anticipan y tienen planes para el futuro. Vemos entonces que el punto de vista de Singer sugiere que las vidas de los humanos que hacen más planes de futuro que otros humanos, tienen un mayor valor moral. Además, Singer considera que los humanos tienen un sentido representacional de la autoconciencia, por lo tanto, tienen más intereses que los animales y sufren mayores daños que ellos. Sin embargo, los animales tienen muchos intereses que los humanos no tienen. Por ejemplo, un ser humano no es tan veloz como un leopardo ni tampoco tiene la visión de un águila. El hecho de que los sentidos estén acentuados se traduce en que las experiencias serán diferentes, lo que conlleva a tener distintos intereses.[57]

"En quinto lugar, puesto que los animales tienen intereses diferentes de los de los humanos, son susceptibles de sufrir daños que los humanos no sufren. La autoconciencia humana puede ser diferente, pero 'diferente' no se traduce necesariamente como 'mejor' en sentido moral. Además, hay algo muy peculiar desde el punto de vista psicológico sobre el considerar a los animales como recursos reemplazables. Si la muerte de un animal es, como mantiene Singer, 'compensada, desde un punto de vista imparcial, por la creación de un nuevo animal que llevará una vida igualmente placentera', entonces ¿por qué sentimos pena cuando muere uno de nuestros compañeros animales? La respuesta es que nosotros no contemplamos, al menos algunos animales (nuestros perros y gatos) como recursos reemplazables y nuestro reconocimiento de que nuestros compañeros animales tienen una personalidad única es una observación fáctica y no una consideración antropocéntrica. Si nos preocupásemos de relacionarnos con los pollos, vacas o cerdos de la manera en que lo hacemos con nuestros perros y gatos, ya no veríamos a esos animales como meramente recursos reemplazables, del mismo modo que no lo hacemos con los perros o con los gatos".[58]

En sexto lugar, y probablemente el argumento más importante, si la autoconciencia, tal como la comprende Singer, es necesaria para que los seres dotados de sensibilidad tengan un interés en la vida, entonces debemos concluir que un gran número de humanos no tienen interés en la vida y pueden ser tratados como recursos.[59] Esto ciertamente nos puede parecer aberrante, ¿cómo vamos a catalogar a un ser humano con alguna discapacidad mental grave como una cosa? Mas, si seguimos al pie de la letra este postulado deberíamos aceptar esta consecuencia.

En relación con si podemos aplicar el principio de igual consideración a los intereses de los animales en no sufrir, pero seguir considerándolos como propiedad de

57 Ibid, p. 48.
58 Ibid, p. 49.
59 Ídem.

los humanos, Singer afirma que su teoría no excluye a los animales de la comunidad moral, pero su noción de que los animales carecen de un interés en la vida y pueden considerarse como recursos reemplazables, hace difícil aplicar este principio a los intereses humanos y animales en no sufrir. Hay varios problemas que afectan a la teoría de Singer en este aspecto.[60]

"En primer lugar, la teoría de Singer exige que hagamos comparaciones interespecíficas para aplicar el principio de igual consideración a los intereses humanos y animales en no sufrir, y esto exige algún método, aunque sea impreciso, para medir experiencias interespecíficas".[61]

En segundo lugar, Singer plantea que la generalidad de los humanos tiene un interés en sus vidas y los animales no lo tienen, por lo que es difícil comprender cómo los humanos y los animales pueden considerarse como similares para la aplicación del principio de igual consideración.[62] De acuerdo con Singer, los animales no tienen el mismo interés. Además, Singer mantiene que siempre podemos anular el interés del animal en no sufrir, dependiendo de las consecuencias para todos los humanos afectados.[63]

"En tercer lugar, Singer reconoce que, en algún nivel, no es probable que consideremos los intereses animales y humanos como similares en primer lugar y, por lo tanto, no es probable que encontremos guía alguna en el principio de igual consideración. Pero esto equivale a admitir que los intereses de los animales no son moralmente significativos *per se*. Singer evita esta conclusión afirmando que incluso si el principio de igual consideración no es aplicable (puesto que los intereses humanos y animales jamás serán considerados como similares), es todavía claro que gran parte del sufrimiento animal no es moralmente justificable. No queda claro cómo Singer puede llegar a esta posición, excepto mediante estipulación personal".[64]

En cuarto lugar, inclusive si la teoría de Singer aplicara un tratamiento más "humano" a los animales, aún podríamos usar a los animales de una manera en que sería impensado aplicar a un ser humano. Los animales, al igual que los humanos, tienen interés en no sufrir de ninguna manera, por lo que no se les debe tratar como meros recursos por muy "humano" que sea. Para ejemplificar esto, encontramos el caso de la esclavitud humana. Una forma más "humana" de esclavitud humana es preferible moralmente hablando, que una forma menos "humana", pero toda forma de esclavitud es moralmente criticable porque a todos los humanos se les reconoce jurídicamente el derecho a no ser tratados como propiedad de otros.[65]

---

60 Ibid, p. 50-51.

61 Ibid, p. 51.

62 Ídem.

63 Ibid, p. 51-52.

64 Ibid, p. 52.

65 Ibid, p. 53.

Francione termina este artículo con esta notable observación: "Si Bentham y Singer aplicasen realmente el principio de igual consideración a los intereses animales, parecería necesario que tratasen los casos similares de una manera similar y concediesen una protección similar del tipo de los derechos al interés de los animales en no ser recursos humanos. Tal posición implicaría que aboliésemos la institución de la propiedad de los animales. Si los animales han de tener alguna significación moral entonces, sea como sea el modo en que tratemos a los animales, una cosa es cierta: no podemos tratarlos exclusivamente como recursos nuestros. Tenemos que conceder derechos, o protección del tipo de la proporcionada por los derechos, a los animales o, de lo contrario, se les negará también significación moral puesto que jamás se considerará que tienen intereses similares a los de sus poseedores humanos. Como en el caso de la esclavitud, los animales siempre y necesariamente contarán como menos de 'uno', y la aplicación del principio de igual consideración, que es necesario para la significación moral de sus intereses, se convertirá en algo imposible".[66]

1.2.3. Críticas de Pablo de Lora

De Lora utiliza el argumento de la *lógica de la despensa* para atacar el utilitarismo. Este argumento pretende demostrar que, desde una premisa utilitarista, sí sería permisible, bajo ciertas condiciones, una dieta carnívora, lo que conlleva a seguir perpetuando la explotación animal.

En referencia a esto, Jeremy Bentham ha afirmado: "Hay muy buenas razones por las que nada debiera impedirnos comer tantos animales como queramos; nosotros nos sentimos mejor por ello, y ellos no se sienten peor. Los animales carecen de las anticipaciones prolongadas que nosotros tenemos de las futuras miserias. Por regla general la muerte que les procuramos es, y siempre puede ser, más rápida y por ello, menos dolorosa que la que les esperaría en el curso inevitable de la naturaleza."[67]

De Lora demuestra que el utilitarismo no acoge necesariamente el vegetarianismo por varias razones. "En primer lugar, algunos utilitaristas han argumentado que el vegetarianismo es una actitud absurda si con mi renuencia a comer carne pretendo evitar el sufrimiento de los animales. La razón es que, si me gusta comerla, ese sacrificio que supone para mí dejar de probarla sólo se vería compensado por el impacto que mi acción tendría sobre la industria que produce carne para el consumo humano. Y éste, si son sólo unos cuantos los vegetarianos en el mundo, es prácticamente despreciable. Sólo una acción coordinada a gran escala sería eficaz".[68]

Sin embargo, esto lo podemos refutar fácilmente ya que, si bien el adoptar una dieta vegetariana no impacta fuertemente a la industria cárnica, el dejar de consumir cadáveres de animales no humanos despierta la curiosidad, la discusión y la invitación

66 Ibid, p. 56.

67 BENTHAM, J. op. cit., pp. 282-283.

68 DE LORA, P. op. cit., pp. 191-192.

a reflexionar nuestro trato con los animales, produciendo así cada día más adeptos a esta dieta.

De Lora continúa y señala: "Por otro lado, bajo la perspectiva utilitarista podría ocurrir no ya que el vegetarianismo no fuera moralmente obligatorio por absurdo, o innecesario, sino que el consumo de carne animal constituyera una obligación moral. Y ellos porque entre las premisas del utilitarismo también se encuentran la de que los seres dignos de consideración moral son, bajo ciertas condiciones, «reemplazables»".[69] Esto es lo que se conoce como la lógica de la despensa.

Singer ha tratado de responder a ambos argumentos a lo largo de su obra, tanto el que apela a la ineficacia de la dieta vegetariana individual y el de la lógica de la despensa. Sin embargo, acaba igualmente aceptando la existencia de umbrales en los cuales el vegetarianismo sí se convierte en una actitud meramente testimonial.[70]

Específicamente hablando sobre el argumento de la lógica de la despensa, este se traduce en la *fungibilidad* de los seres sintientes, vemos el problema de que el vegetarianismo que deriva de una posición utilitarista es siempre condicionado, o incluso prohibido, si resulta que con la práctica del consumo de carne disminuimos la cantidad de placer en el mundo, obtenida por los animales destinados a la alimentación humana. En todo caso, el presupuesto para defender el consumo de carne animal es que esos animales no sean criados mediante los métodos de la explotación agropecuaria intensiva, sino respetando su bienestar.[71]

Singer nuevamente ha tratado de subsanar este problema mediante diversos argumentos que no atienden al caso[72] y se ha diferenciado del utilitarismo clásico, adoptando el llamado utilitarismo de las preferencias, el cual ya fue explicado anteriormente, pero también cae en las mismas problemáticas como, por ejemplo, la posibilidad de aceptar el sacrificio de seres humanos inocentes.[73]

Otro punto criticable a Singer es que sólo logra favorecer un *vegetarianismo condicional*: no debemos comer aquella carne procedente de animales criados intensiva y penosamente.[74] Por lo que Singer adopta una postura bienestarista y no persigue el fin de la esclavitud animal.

---

69 Ibid, p 193.

70 Ibid, p. 194.

71 Ibid, p. 195.

72 SINGER, P. 1980. Utilitarianism and Vegetarianism, *Philosophy and Public Affairs* 9(4): 325-337.

73 DE LORA, P. op. cit., p. 205.

74 CAVALIERI, P. 2001. *The Animal Question. Why Nonhuman Animals Deserve Human Rights*, Oxford University Press, Oxford-Nueva York (traducción de Catherine Woollard del original *La Questione Animale*, 1999). pp. 110-111, y BARRY, B. 1989. *Theories of Justice*, University of California Press, Berkeley-Los Ángeles. 205 p.

Asimismo, Singer ha apostado por la posibilidad de proclamar que una vida autoconsciente es más valiosa que una vida sin autoconciencia y que algunos animales son más conscientes que otros.[75] Vemos así que Singer sucumbe ante el especieísmo, concepto tan duramente criticado por él.

1.3. LA ÉTICA DE LOS DERECHOS

Es aquella ética en la que los derechos son el valor prioritario y dominante, y en la que, por tanto, la cuestión elemental no consiste en establecer si una acción es buena o correcta, sino si se tiene o no el derecho a realizarla. Hablamos de una ética de los derechos cuando éstos están cargados de una connotación moral[76].

A continuación, analizaré distintos autores que se basan en esta teoría ética para otorgarles derechos a los animales no humanos.

1.3.1. Henry Salt

Este escritor inglés fue uno de los pioneros en la defensa de los derechos de los animales y es considerado el padre de la ética de los derechos de los animales. En su libro *Los derechos de los animales* de 1892, Salt argumenta que los animales deben tener derechos más allá del mero bienestar y defiende la vida y la libertad tanto de los animales domésticos como los salvajes, haciendo una fundamentada crítica a la matanza de animales para ser convertidos en alimento y a numerosas prácticas como la experimentación, la caza y la peletería.[77]

En el inicio de este libro nos encontramos con la célebre frase: "*¿Tienen derechos los animales inferiores? Sin duda, si es que los tienen los seres humanos*".[78]

Por lo tanto, si tenemos derechos subjetivos sólo por el hecho de ser seres humanos, es perfectamente plausible otorgarles derechos subjetivos a los animales no humanos. Más adelante me referiré a qué son los derechos subjetivos.

Este libro se distingue por ser el primero que reconoce que los animales no humanos tienen derechos y no deben vulnerarse para promover y satisfacer intereses humanos, independientemente de la manera en que se haga. Salt defiende que los humanos deberíamos dejar de utilizar a los demás animales, respetando así sus vidas y su libertad porque la vida humana no es moralmente más importante que las vidas de los otros animales no humanos. Por lo tanto, Salt rechaza el bienestarismo y adopta una postura abolicionista.

Además, Salt argumenta que los animales no humanos tienen un valor intrínseco pues solamente los seres con capacidad de sentir pueden tener experiencias subjetivas

---

75 DE LORA, P. op. cit., p. 204.

76 VIOLA, F. 1999. La ética de los derechos. Doxa (22): 507.

77 LEYTON, F. op. cit., p. 15.

78 SALT, H. 1999. *Los derechos de los animales*. Madrid, Los libros de la Catarata. 29 p.

(sensaciones, deseos, intenciones) y valoran lo que les rodea en razón de si les beneficia o les perjudica (su conservación, su bienestar, su libertad). Incluso se pueden valorar a sí mismos, aunque nadie más lo hiciera.

En relación con los derechos animales, Salt sostiene: "El único argumento definitivo [para reconocer derechos a los animales] es que los animales, como los hombres, aunque evidentemente en menor grado, poseen una individualidad diferenciada y que por consiguiente tienen derecho, en su justa medida, a la 'libertad restringida' a la que se refiere Herbert Spencer. *Resulta inútil exigir derechos para los animales de manera general si, al mismo tiempo, estamos dispuestos a subordinar tales derechos a todo lo que se nos antoje considerar como nuestras 'necesidades'; tampoco será posible conseguir que se trate con justicia a los animales mientras continuemos considerándolos como seres de un orden diferente al nuestro e ignorando los numerosos puntos de coincidencia que los acercan a la raza humana.* [...] Si llegamos alguna vez a hacer justicia a los animales, tendremos que desechar la anticuada idea del 'abismo' que los separa de los hombres, y admitir que un vínculo común de humanidad une a todos los seres vivos en una fraternidad universal. [...] En cuanto se despierta el sentimiento de afinidad suenan las campanadas fúnebres de la tiranía, y la concesión de 'derechos' ya sólo es cuestión de tiempo. La condición actual de los animales domésticos mejor situados puede compararse en cierto modo a la de los negros hace cien años. [...] Si los 'derechos' existen —y tanto los sentimientos como la experiencia prueban que existen— en buena lógica no podemos atribuírselos al hombre y rehusárselos al animal, ya que tanto para uno como para el otro constituyen la manifestación de un único sentimiento de justicia y de compasión. [...] Por consiguiente, repetiré una vez más que los animales tienen derechos que consisten en la 'libertad restringida' de vivir una vida natural —esto es, una vida que favorezca el desarrollo de la individualidad— pero cuyos diferentes episodios están subordinados a los intereses y las necesidades permanentes de la comunidad."[79]

1.3.2. Tom Regan

Este filósofo estadounidense señala que la ética de los derechos se basa desde una posición deontológica de inspiración kantiana.[80] Esta ética se fundamenta en el respeto a los individuos permitiéndoles satisfacer determinados intereses. Regan defiende una teoría de los derechos *prima facie*, conforme a la cual un derecho sólo puede ser vulnerable cuando entra en conflicto con el respeto por otros derechos cuyo peso es más notable. Su propuesta se sustenta en el principio de que todos los seres dotados de valor inherente han de ser respetados como poseedores de derechos. Tal valor sería poseído por los que denominará *sujetos de una vida*, que son aquellos que

79 Ibid, pp. 34-35.

80 La ética kantiana está basada en la postura que la única cosa intrínsecamente buena es una buena voluntad; una acción solo puede ser buena, por tanto, si su máxima obedece a la ley moral. Esta ley moral actúa sobre todas las personas, sin importar sus intereses o deseos.

pueden tener un bienestar experimental, de manera que su vida puede ir mejor o peor para ellos.[81]

Su libro más importante es *The Case for Animal Rights*, y en que Regan argumenta que los animales no humanos son objeto de derechos morales. Su filosofía se encuentra en general dentro de la tradición de Immanuel Kant, pero rechaza la idea de Kant de que el respeto se debe sólo a los seres humanos basados en su naturaleza racional. Cuando Kant se refiere a los animales no humanos señala lo siguiente: "Como los animales existen únicamente en tanto que medios y no por su propia voluntad, en la medida en que no tienen consciencia de sí mismos [...] no tenemos por lo tanto ningún deber para con ellos de modo inmediato; los deberes para con los animales no representan sino deberes indirectos para con la humanidad".[82] Para Kant, lo que tiene valor en sí mismo debe ser siempre tratado como un fin, nunca como un medio. Por lo tanto, para él los seres humanos son fines en sí mismos, tienen un valor inherente (valor lógicamente independiente de si es valorado por alguien más) y los animales no humanos son meros medios para lograr fines humanos.[83]

Eso sí, Kant rechaza el maltrato hacia los animales no humanos, pero no porque sea malo per se, sino porque las personas que tratan mal a los animales desarrollan un hábito que, con el tiempo, las inclina a tratar similarmente a los humanos. En la posición kantiana el principio moral sería: *no trate a los animales de maneras que le conduzcan a maltratar a los seres humanos.*[84]

Sin embargo, Regan se opone a la idea de que sólo los seres humanos tengan un valor inherente, por pertenecer a esta especie y se hace la siguiente pregunta: "¿Qué hay en un ser humano, qué subyace a este valor inherente?

Cualquier respuesta es polémica y aquí no es posible sustentar una defensa de la respuesta que propongo. Pero he aquí la respuesta que yo daría: los seres humanos no sólo están vivos: *tienen una vida.* Lo que, es más, somos sujetos de una vida que es mejor o peor para nosotros, con independencia lógica de que alguien más nos valore o nos encuentre útiles".[85]

De esta forma, para Regan el atributo moral diferenciador que todos los humanos tienen en común es que cada uno es un *sujeto de una vida,* como un ser al cual su vida le importa incluso si no le importa a nadie más. Es decir, se trata de un ser que tiene las capacidades cognitivas necesarias para entender que su vida tiene valor, independientemente de si no lo tiene para otros seres. Esta es la base para atribuir valor

81 HORTA, O. op. cit., p. 37.

82 KANT, I. 2008. *Lecciones de Ética* (trad. Roberto Rodríguez Amarayo y Concha Roldán). Barcelona, Crítica. 287 p.

83 REGAN, T. Derechos animales, Injusticias humanas. op. cit., p. 257.

84 Ibid, p. 245.

85 Ibid, p. 258.

intrínseco a un *individuo*, lo que conlleva finalmente a poseer derechos, particularmente el derecho a no ser dañados.

Dado que el criterio de Regan para ser sujeto de una vida no está basado en una diferencia de especie, este puede incluir también a otros animales con las capacidades suficientes para serlo. Justamente Regan señala que los mamíferos de más de dos años, las aves, algunos peces, entre otros, son considerados como sujetos de una vida. Estos seres no pueden ser tratados simplemente como un medio para los fines de otros y deben gozar de ciertos derechos que protejan su vida, su salud, su bienestar, su libertad, etc., que llamaremos *derechos morales*.

Los derechos morales, a diferencia de los *derechos legales* que son necesariamente el resultado de acciones humanas, como votar; no están vinculados necesariamente a acciones humanas. Mientras que los derechos legales son creados, es posible que los derechos morales sean descubiertos.[86] Por ende, los animales son poseedores de estos derechos morales.

Por otro lado, Regan propone una distinción entre *agentes morales* y *pacientes morales*. Los humanos, exceptuando los bebés, algunos discapacitados mentales y seres humanos en estado de coma, somos agentes y pacientes morales. Los humanos mencionados como excepción y los animales no humanos solamente son pacientes morales, es decir, son portadores de derechos morales, pero no tienen obligaciones morales. En consecuencia, no es necesario tener obligaciones para detentar derechos subjetivos.

Regan también cuestiona el tratamiento que se brinda a los animales en diferentes ámbitos, denunciando la esquizofrenia moral de una sociedad que mima y protege a algunos animales mientras masacra y vulnera despiadadamente los intereses de otros.[87]

Sin embargo, la teoría de Regan favorece a los seres humanos por sobre los animales no humanos dado que considerará que a pesar de que ambos poseen un derecho a la vida, el de los humanos resultaría prioritario por el hecho de que la vida de estos es más valiosa.

Esto queda ejemplificado en la siguiente cita: "Posiblemente los derechos de los animales deban ceder algunas veces ante los derechos humanos. Sería un error excluir esta posibilidad. No obstante, la carga de la justificación debe ser asumida por quienes causan el daño: deben demostrar que no violan los derechos de los individuos implicados".[88]

1.3.3. Gary Francione

Este profesor de Derecho es uno de los pioneros en la teoría abolicionista. Considera que el movimiento bienestarista es erróneo porque los animales en la actuali-

86 REGAN, T. 1999. Poniendo a las personas en su sitio. *Teorema: Revista Internacional de Filosofía* 18(3):35.

87 LEYTON, F. op. cit., p. 15.

88 REGAN, T. Derechos animales, injusticias humanas. op. cit., p. 99-120.

dad son considerados como una propiedad más, susceptible de apropiación por el ser humano. Sus trabajos sobre los animales se han centrado en tres temas: el estatus de los animales no humanos como propiedad; las diferencias entre derechos animales y bienestar animal, y una teoría de los derechos animales basada en la capacidad de experimentar dolor y placer.

Francione considera que el principal obstáculo de derechos animales se da en el ámbito jurídico: se usa a los animales como simples bienes (como sucedía con los esclavos) y, por lo tanto, el primer paso para erradicar este tipo de esclavitud es el *abolicionismo*, no existiendo términos medios.

Respondiendo a los planteamientos de Singer y Regan, Francione en su libro *Animals, Property and the Law*, de 1995, realiza una profunda crítica al especieísmo, argumentando que la única manera de terminar con esta discriminación y sus prácticas institucionalizadas es aboliendo el estatus de propiedad de los animales no humanos. Analiza críticamente las medidas de bienestarismo legal y plantea que los términos "sufrimiento innecesario" y "tratamiento humanitario" de los animales perpetúan esta discriminación arbitraria, por lo que la única manera de acabar con la explotación animal es mediante la abolición de la consideración de los animales como propiedad.[89]

Siguiendo esta línea, en su libro *Rain Without Thunder: The Ideology of the Animal Rights Movement*, de 1996, Francione explica que hay diferencias significativas en la teoría y en la práctica, entre el reconocimiento de *derechos animales* (que requieren la completa abolición de la explotación animal) y la promoción del *bienestar animal* (que acepta regular la explotación para hacerla más "humana"). La posición abolicionista defiende que no se puede justificar el uso de animales no humanos, mientras que la postura bienestarista acepta el uso de animales no humanos en determinadas circunstancias.

Francione denomina "neobienestaristas" a quienes promueven la salvaguarda de intereses de animales, pero apoyan la regulación del bienestar animal como un mecanismo para aumentar el reconocimiento del valor intrínseco de los animales no humanos. Francione considera que dicha postura es inconsistente, pues en la práctica legitima el uso de animales no humanos.

Por otro lado, en su libro *Introduction to Animal Rights: Your Child or the Dog*, de 2000, Francione defiende que una teoría abolicionista no debería requerir que los animales tuvieran características cognitivas más allá de la capacidad para sentir dolor y experimentar placer, para ser considerados miembros de la comunidad moral, lo cual incluiría el derecho básico y pre-jurídico a no ser objeto de propiedad.

La capacidad para sentir se traduce en la capacidad para experimentar dolor y placer. Esta capacidad la podemos encontrar bajo el concepto de *sintiencia*. Si bien este concepto no ha sido reconocido por ningún diccionario, su uso es muy extendido en

---

89 LEYTON, F. loc. cit.

la literatura especializada. Es gracias a esta capacidad que debemos ampliar nuestro espectro moral, e incluir a los animales no humanos.

Francione se refiere a la *sintiencia* de esta manera: "No todos los animales pueden ser sintientes, y puede ser difícil trazar la línea que separa a aquellos que son capaces de experimentar conscientemente dolor y sufrimiento, de aquellos que no lo son. Sin embargo, no hay duda de que la mayoría de los animales que explotamos son sintientes. [...].

No puedo saber si un perro siente dolor exactamente de la misma manera que yo, así como no puedo saber si otro ser humano siente dolor exactamente de la misma manera que yo. Si me dice que sufre en un idioma que yo entiendo, asumo que expresa lo mismo que cuando yo digo que sufro. Pero no lo sé. No tengo un acceso a tu mente que me permita probar que nuestras experiencias son idénticas [...] Asumo que tienes dolor porque tú y yo compartimos ciertas similitudes neurológicas y fisiológicas que hacen probable que tu sensación de dolor sea similar a la mía. Del mismo modo, es posible que no sepa si mi perro experimenta el dolor exactamente de la misma manera que yo, pero no tengo ninguna duda de que los perros, las vacas, los cerdos y las gallinas son el tipo de seres que son neurológica y fisiológicamente capaces de experimentar dolor y sufrir. En este sentido, *todos los seres sintientes, a pesar de las diferencias, son similares entre sí y diferentes a todo lo que no es sensible en el mundo*".[90]

En concordancia con lo anterior, Francione rechaza la tesis de que los animales no humanos deban tener características cognitivas similares a las humanas, como el lenguaje, cierto desarrollo intelectual o determinada autonomía, para así tener el derecho a no ser propiedad de nadie. Francione deriva este derecho del principio de igual consideración, por el cual señala que, si los animales son considerados una propiedad, sus intereses no pueden recibir una consideración igual.

En relación con esto, Francione señala que las personas viven en una *esquizofrenia moral* en su relación con el resto de animales porque, por una parte, los seres humanos respetan los intereses de algunos animales como los gatos y perros, pero, por otro lado, abusan y explotan a otros animales como las vacas y los cerdos.

La posición de Francione difiere significativamente de la de otros autores, como Singer, radicando el desacuerdo en el estatus de objeto de propiedad que tienen o no los animales no humanos. Francione hace una fuerte crítica, comparando el estatus de propiedad que tienen los animales hoy en día con el estatus de propiedad que tenían los esclavos humanos.

> "Los animales, al igual que los humanos, tienen interés en no sufrir en absoluto por su uso como recursos, por muy 'humano' que sea ese uso. Una

---

90 FRANCIONE, G. 2000. Introduction to Animal Rights: your child or the dog? Philadelphia, Temple University Press. 6 p.

> forma más 'humana' de esclavitud es menos moralmente objetable que una forma menos 'humana' —es mejor castigar a un esclavo menos drásticamente que más— pero todas las formas de esclavitud son moralmente objetables puesto que a todos los humanos se les concede un derecho a no ser tratados como propiedad de otros".[91]

Francione incluso realiza un ensayo llamado *El error de Bentham (y el de Singer)*, en el cual critica el utilitarismo en que ellos se basan. De este ensayo se puede extraer lo siguiente: "Jeremy Bentham y su moderno proponente, Peter Singer, mantienen que los animales son miembros de la comunidad moral y rechazan el punto de vista de aquellos que, como Kant y Locke, afirman que los animales carecen de significación moral alguna. El problema es que Bentham y Singer aceptan el estatuto de los animales, en tanto que susceptibles de ser propiedad de alguien, y es consistente con la significación moral de los intereses de los animales, incluso si los animales son susceptibles de ser propiedad de alguien. En este artículo voy a argumentar que Bentham y Singer, que rechazan la institución de la esclavitud humana como moralmente inaceptable, están en un error al mantener que los animales pueden tener intereses moralmente significativos si continúan siendo propiedad nuestra."[92]

Asimismo, Francione también se diferencia de Regan dado que este autor defiende una postura abolicionista sólo a los animales que tienen características cognitivas que van más allá de la sola *sintiencia*. Igualmente, Regan señala que la muerte supone siempre un daño superior para los humanos que para los no humanos. Según Francione, la perspectiva de Regan es muy cercana a la visión de Singer según la cual la muerte en sí no sería un problema para la mayoría de no humanos. Además, Francione señala que nuestra incapacidad para comprender el significado de la muerte de los no humanos no significa que un animal sintiente no tenga interés en una existencia continuada.

Para Francione, la *sintiencia* es el único determinante válido del estatus moral de un individuo, a diferencia de Regan, quien distingue distintos niveles en función de las experiencias subjetivas de los individuos sujetos de una vida.

1.4. EL ENFOQUE DE LAS CAPACIDADES: MARTHA NUSSBAUM

Esta filósofa estadounidense, a diferencia de los autores anteriores, para cuestionar el antropocentrismo imperante en nuestra sociedad y atacar el especieísmo, propone una teoría ética basada en un enfoque aristotélico, conocido como el *enfoque de las capacidades.*

Este enfoque defiende una ética de la virtud, sosteniendo que es en el desarrollo de un determinado carácter moral, y no en la formulación de prescripciones, en lo que

---

91 FRANCIONE, G. El error de Bentham (y el de Singer). op. cit., p. 39.

92 Ídem.

ha de consistir el objeto de la ética. Tal punto de vista no se sigue de la idea de que sólo los agentes racionales humanos sean considerables moralmente, sino que se incluye también a los animales no humanos. Esto porque la propia autorrealización de ellos no puede ser conseguida sino de forma virtuosa. Pareciera que el modo más consistente de interpretar cuál debería ser un comportamiento virtuoso tendría que ser aquel según el cual la autorrealización del agente fuese conseguida en armonía con la de los sujetos de su alrededor.[93]

En el caso de los animales no humanos podemos reconocer la existencia de un *telos*,[94] una naturaleza propia susceptible de realización y, en consecuencia, la posibilidad de florecer desarrollando ésta. Conforme a esto, a la conducta virtuosa de los agentes morales se incluye el respeto por la realización del *telos* de los sujetos que les rodean, sean humanos o no. Esto es, no impedir el desarrollo y ejercicio de sus potencialidades por parte de tales sujetos.[95]

Para Nussbaum, las capacidades[96] son aptitudes o fortalezas que permiten el desarrollo de la vida en diferentes ámbitos, fundamentan la existencia de los derechos de los animales no humanos desde un punto de vista filosófico. Para ella todas las criaturas son seres merecedores de respeto y admiración.[97]

En el capítulo "Beyond 'Compassion and Humanity' Justice for Nonhuman Animals", del libro *Animal Rights*, Nussbaum discute la aplicación del enfoque de capacidades a la cuestión de los derechos de los animales. La autora señala que este enfoque proporciona una mejor orientación teórica sobre la cuestión de los derechos de los animales acerca del planteamiento contractual y utilitarista, ya que es capaz de reconocer una amplia gama de tipos de dignidad animal y de las correspondientes necesidades de florecimiento. Este capítulo critica el punto de vista del filósofo Immanuel Kant y sus seguidores, que señalan que el maltrato de los animales no plantea cuestiones de justicia y sugieren que las demandas de los animales deberían arraigarse en comprender qué tipo de capacidades tienen los animales. "Argumentaré que el enfoque de capacidades tal como lo he desarrollado —un enfoque de cuestiones de justicia básica y derechos y de la elaboración de principios políticos fundamentales— provee una mejor orientación teórica en esta área que la proporcionada por los enfoques contractuales y utilitarios a la cuestión de los derechos de los animales, porque es capaz de reconocer una

93 HORTA, O. op. cit., p. 38.

94 El telos es un fin o propósito, en un sentido bastante restringido utilizado por filósofos como Aristóteles. Es aquello en virtud de lo cual se hace algo

95 BLANCO, S. 2012. Reflexiones morales sobre los animales en la filosofía de Martha Nussbaum. *Revista de Bioética y Derecho* (25):63.

96 Todas las capacidades son únicas y necesarias para poder llevar una vida digna. Esto según el economista y filósofo Amartya Kunar Sen, quien solo se refiere a los seres humanos, pero Martha Nussbaum lo extiende a los animales no humanos

97 NUSSBAUM, M. 2007. *Justicia poética*. Barcelona, Andrés Bello. 324 p.

amplia gama de tipos de dignidad animal y de las correspondientes necesidades de florecimiento."[98]

Nussbaum promueve la idea de que hay algo en común que caracteriza a todos los seres vivos y es el hecho de que todos están dotados de ciertas capacidades que, potenciándolas, permiten la realización de cada ser. Esto se conoce como *florecimiento* y se traduce en la realización de las actividades vitales. Sólo una vida que pueda actualizar sus capacidades será una vida plena, satisfactoria y feliz. El hecho de que a una criatura no se le permita poder realizarlas es moralmente malo e injusto. Esto se conoce como la muerte de un tipo de florecimiento.

Nussbaum señala que las capacidades son distintas entre seres humanos y animales no humanos. "En el caso humano, el enfoque de capacidades no opera con una concepción plenamente integral del bien, por el respeto que tiene por las diversas formas en que las personas eligen vivir su vida en una sociedad pluralista. Su objetivo es asegurar algunos derechos básicos que se consideran implícitos en la idea de una vida con dignidad, pero apunta a la capacidad, no al funcionamiento, y se centra en una pequeña lista. En el caso de las relaciones entre humanos y animales, la necesidad de contención es aún más aguda, ya que los animales de hecho no participarán directamente en la formulación de los principios políticos y, por lo tanto, no pueden revisarlos con el tiempo si resultan inadecuados. Y, sin embargo, hay una consideración contraria: los seres humanos afectan las oportunidades de los animales para florecer de manera generalizada, y es difícil pensar en una especie que uno podría simplemente dejar en paz para que florezca a su manera. La especie humana domina a las otras especies de una manera en que ningún individuo o nación humana ha dominado a otros humanos. El respeto por las oportunidades de florecimiento de otras especies sugiere, entonces, que la ley humana debe incluir compromisos políticos firmes y positivos para la protección de los animales, aunque si los seres humanos no hubieran interferido de manera tan generalizada en las formas de vida de los animales, el curso más respetuoso podría haber sido simplemente *dejarlos solos, viviendo la vida que ellos mismos hacen*."[99]

A pesar de que las capacidades son distintas entre los seres humanos y los animales no humanos, ambos comparten algunas capacidades. Nussbaum realiza una lista donde manifiesta las capacidades compartidas como la vida, la salud corporal, la integridad corporal, las emociones, entre otros.[100]

¿Y cómo debe comportarse el ser humano para que los animales no humanos puedan florecer? Debe actuar con cierto *paternalismo*. "Sin embargo, esa conclusión debe ser matizada por nuestro respaldo previo a la idea de que la autonomía de las especies, en pos del florecimiento, es parte del bien para los animales no humanos

---

98 NUSSBAUM, M y SUNSTEIN, C. 2004. Beyond "compassion and humanity". En: *Justice for Nonhuman Animals*. New York, Oxford University Press. 300 p.

99 Ibid, p. 307.

100 Ibid, p. 313-317.

Entonces, ¿cómo deben combinarse los dos principios y cómo pueden combinarse de manera coherente? Creo que se pueden combinar, si adoptamos un tipo de paternalismo muy sensible a las diferentes formas de florecimiento que persiguen las distintas especies. No sirve de nada decir que deberíamos dejar que los tigres prosperen a su manera, dado que la actividad humana afecta de manera ubicua las posibilidades de que los tigres prosperen. Siendo este el caso, la única alternativa decente para el abandono total del florecimiento de los tigres es una política que piense cuidadosamente sobre el florecimiento de los tigres y qué hábitat requiere, y luego se esfuerza por crear tales hábitats. En el caso de los animales domésticos, un paternalismo inteligente fomentaría el entrenamiento, la disciplina e incluso, en su caso, un entrenamiento extenuante centrado en las excelencias especiales de una raza (como el *border collie* o el cazador-saltador). Pero el animal, como un niño, conservará ciertos derechos, que posee independientemente de lo que piense su tutor humano al respecto. No son simplemente objetos para el uso y control de los seres humanos."[101]

Por último, Nussbaum señala que el maltrato de los animales es injusto, porque ellos tienen un derecho moral a no ser maltratados. Los animales deben ser considerados como seres activos que tienen un bien y tienen derecho a buscarlo; por lo tanto, los daños importantes que se les hacen son injustos.[102]

Por otro lado, en *Frontiers of Justice*, Nussbaum sostiene que el tema de la discapacidad, la justicia global y los derechos de los animales muestran las deficiencias del contrato social como marco general para una teoría liberal de la justicia. En este libro, Nussbaum se refiere a la concepción de justicia de Rawls, ya que la considera como la mejor representante de las teorías contractuales. Sin embargo, no se centra exclusivamente en Rawls y realiza un breve resumen de las principales ideas de la tradición contractual social como lo articularon Grotius, Hobbes, Locke y Kant.

En relación con Kant, señala: "Como he enfatizado repetidamente, las teorías kantianas del contrato social tienen grandes fortalezas. En esta área, sin embargo, se quedan más claramente cortas que en cualquier otra. Tanto por su compromiso con la racionalidad como fundamento de la dignidad, cuanto por su concepción de los principios políticos como derivados de un contrato entre iguales, niegan que tengamos obligaciones de justicia con los animales no humanos. Consideran las obligaciones que podríamos tener como derivadas de las obligaciones para con los seres humanos o simplemente como de diferente naturaleza, como deberes de caridad y no de justicia. Argumentaré que deberíamos criticar tales puntos de vista de dos maneras: reconociendo el alcance de la inteligencia en muchos animales no humanos y rechazando la idea de que solo aquellos que pueden unirse a un contrato como iguales pueden ser sujetos primarios no derivados de una teoría de la justicia".[103]

---

101 Ibid, p. 312-313.

102 Ibid, p. 300.

103 NUSSBAUM, M. 2007. *Frontiers of Justice*. Cambridge, Harvard University Press. 327 p.

De acuerdo con la tradición contractual social, Rawls asume que los individuos en la posición original son iguales, libres e independientes. Nussbaum afirma que todas estas suposiciones excluyen a las personas con discapacidad, porque la igualdad presupone poderes naturales iguales y la asunción de la libertad natural presupone algunas capacidades naturales. Del mismo modo, la calificación de los individuos en la posición original como independiente, excluye a los que dependen de los demás.

Para Rawls, la justicia, si bien es la primera virtud de las instituciones sociales, no es la única, ni siquiera en la esfera política, y tampoco lo es en la totalidad de la virtud moral. Rawls no ahonda en sus textos mayormente sobre los animales, pero señala que hay deberes morales para con los animales, que son conocidos como *deberes de compasión y humanidad*. Estos deberes están basados en el hecho de que los animales sienten placer y dolor. No obstante, para él estos no son temas de justicia.[104]

Según Rawls, sólo las personas morales tienen una condición suficiente para tener derecho a ser tratadas con justicia sobre una base de igualdad con los demás. Rawls indica que las personas morales tienen dos características: una capacidad para una concepción del bien y la capacidad de un sentido de justicia.[105] Nussbaum señala que para Rawls la concepción kantiana de la persona es suficiente para gobernar a los animales no humanos. Las dos características morales pertenecen, en su opinión, sólo a los humanos, mas no a todos estos. Los animales, al igual que los humanos mentalmente discapacitados, no son personas en este sentido.[106]

Nussbaum critica a Rawls por no incluir a los animales en el ámbito de justicia. "Se podría intentar responder que el error de Rawls es más empírico que filosófico. No ha entendido cuán inteligentes son los animales, cuán capaces son de relaciones (tanto con los humanos como entre sí) que involucran formas complejas de reciprocidad. Si vemos animales con suficiente riqueza y complejidad, después de todo podemos encontrar perfectamente plausible la idea de un pacto social que los involucre, al menos como hipótesis esclarecedora. Pero esta respuesta resulta inadecuada. La teoría de Rawls es empíricamente incompleta.

No hace ningún esfuerzo por estudiar la inteligencia de los animales y no ofrece ningún argumento de que sean incapaces de reciprocidad. Parece probable que muchos de ellos sean capaces de al menos algunas formas de reciprocidad. Sin embargo, parece dudoso que podamos incluir suficientemente a los animales en una teoría rawlsiana, simplemente reconociendo estos hechos. Primero, la capacidad de reciprocidad está presente solo en algunos animales; y, sin embargo, los problemas de trato injusto y cruel se extienden muy ampliamente. Si existe reciprocidad entre humanos y perros o simios, no está claro que exista reciprocidad entre humanos y pájaros o leones. Y, sin embargo, nuestro trato con todos estos animales parece

---

104 Ibid, p. 331.

105 RAWLS, J. 1971. *A Theory of Justice*. Cambridge, Harvard University Press. 505 p.

106 NUSSBAUM, M. *Frontiers of Justice*. op. cit., p. 332.

plantear cuestiones de justicia. En segundo lugar, en la medida en que existe reciprocidad entre humanos y algunos animales no humanos, no es el tipo de reciprocidad descrito en la teoría de Rawls, basada en la posesión de complejas capacidades reflexivas racionales y morales".

Para incluir a los animales no humanos en la consideración moral, Nussbaum expone el caso de los combates que se realizaban en Roma entre diferentes animales (específicamente los elefantes). "*Los animales no humanos son capaces de una existencia digna*, como dice el Tribunal Superior de Kerala. Es difícil saber con precisión qué significa esa frase, pero está bastante claro lo que no significa: las condiciones de los animales del circo en el caso, apretujados en jaulas estrechas y sucias, hambrientos, aterrorizados y golpeados, dándoles solo el mínimo cuidado que los haría presentables en la arena al día siguiente.

La existencia digna parecería incluir al menos lo siguiente: oportunidades adecuadas para la nutrición y la actividad física; estar libres del dolor, la miseria y la crueldad; libertad para actuar en formas que son características de la especie (en lugar de estar confinados y, como aquí, obligados a realizar acrobacias tontas y degradantes); liberación del miedo y oportunidades para recompensar las interacciones con otras criaturas de la misma especie y de diferentes especies; la oportunidad de disfrutar de la luz y el aire en tranquilidad. El hecho de que los seres humanos actúen de manera que nieguen a los animales una existencia digna parece ser una cuestión de justicia y urgente, aunque tendremos que decir más a quienes lo negarían. Además, aunque las preguntas así planteadas son en muchos aspectos diferentes de las preguntas que nos hemos enfrentado hasta ahora, no parece haber una buena razón por la que los mecanismos existentes de justicia básica, derechos y leyes no puedan extenderse a través de la barrera de las especies, como afirma audazmente la Corte de la India".[107]

Por otra parte, muchos autores sostienen que la racionalidad es la fuente de la dignidad, la cual en teoría solo la tendrían los seres humanos (pero hay seres humanos que no poseen racionalidad, como un bebé). Nussbaum reconoce el alcance de la inteligencia de muchos animales no humanos y concibe la racionalidad como una característica más de la animalidad y no la justificación del porqué poseer derechos. La idea de la dignidad se relaciona estrechamente con la idea de las capacidades, con aquello que cada ser es efectivamente capaz de realizar, lo que convierte a los animales no humanos como seres activos que poseen un bien[108], lo que los hace ser fines en sí mismos y de ello se deduce que tienen el derecho a poder realizar ese bien y, por lo tanto, se debe proteger este bien.[109]

Este enfoque se construye sobre el principio de que debemos considerar moralmente a los animales no humanos, basándonos en una descripción de los derechos

---

107 NUSSBAUM, M. *Frontiers of Justice*. Op. cit., p. 326.

108 NUSSBAUM, M. *Justicia poética*. Op. cit., p. 333.

109 BLANCO, S. op. cit., 64.

sociales mínimos para la elaboración de una teoría de justicia global que debe ser capaz no sólo de traspasar el plano geográfico, e incluso el temporal, sino que ha de extenderse hasta el ámbito de los animales no humanos. Esto se conoce como *justicia interespecífica*.[110]

En cuanto a la justicia global señala: "Ha sido obvio durante mucho tiempo, que la búsqueda de la justicia global requiere la inclusión de muchas personas y grupos que antes no estaban incluidos como sujetos de justicia plenamente iguales: los pobres; miembros de minorías religiosas, étnicas y raciales; y más recientemente, mujeres, discapacitados y habitantes de naciones distantes a la propia. Pero una justicia verdaderamente global requiere no simplemente que busquemos en todo el mundo a otros miembros de la especie que tengan derecho a una vida decente. También requiere mirar alrededor del mundo a los otros seres sintientes, con cuyas vidas las nuestras están entrelazadas de manera inextricable y compleja.

Los enfoques contractuales tradicionales de la teoría de la justicia no enfrentaron, en su propia forma, estos problemas como cuestiones de justicia. Los enfoques utilitarios lo hicieron con valentía y merecen grandes elogios. Pero al final, como he argumentado, el utilitarismo es demasiado homogeneizador, en relación con las vidas y respecto a los componentes heterogéneos de cada vida, como para proporcionarnos una teoría adecuada de la justicia animal. El enfoque de las capacidades, que parte de una ética maravillosamente armonizada ante cada forma de vida animal, ofrece un modelo que hace justicia a la complejidad de las vidas concretas de los animales y de sus esfuerzos por prosperar. Tal modelo parece una parte importante de una teoría de la justicia totalmente global."[111]

Sin embargo, su postura no está exenta de críticas. Una teoría de la justicia debe ser imparcial respecto de las posibles y distintas concepciones del bien, y esto no ocurre porque el enfoque de las capacidades defiende una determinada idea del bien heredada de la ética aristotélica.[112]

Otra crítica es que deja a muchos animales no humanos de lado (como los cefalópodos) por la mera razón de que probablemente estos seres no sientan dolor,[113] derrumbándose la justica interespecífica y pecando en especieísmo.[114]

---

110 BLANCO, S. op. cit., 63.

111 NUSSBAUM, M y SUNSTEIN, C. 2004. Beyond "compassion and humanity". op. cit., p. 319.

112 BLANCO, S. op. cit., 69.

113 No está comprobado científicamente que sientan o no ya que su sistema nervioso central es muy arcaico.

114 Ibid, p. 70.

2.
RECONOCIMIENTO DE LOS ANIMALES NO HUMANOS COMO TITULARES DE DERECHOS

Vemos cómo la sociedad, y específicamente el Derecho en general, diferencia tajantemente a los seres humanos respecto del resto de los animales.

Sin embargo, tenemos más en común con ellos de lo que creemos; no somos un ser único completamente diferente de otra criatura. Nosotros, como especie humana, somos simplemente una especie entre muchas otras especies dentro del reino animal, y en particular una entre muchas especies de mamíferos.[115]

Aunque la usanza común es hablar sobre los humanos y animales, hay algo sospechoso en ello. Deberíamos hablar sobre animales humanos y no humanos, puesto que el ser humano es biológicamente, un animal. Incluso si redefinimos estas dos categorías y hablamos sobre animales humanos y no humanos, hay aún algo extraño en tal visión, pues la categoría de los animales humanos contiene sólo una especie: nosotros mismos, mientras que la categoría que llamamos animales no humanos contiene, más o menos, un millón de especies conocidas.[116]

Hay incluso algo más problemático. Dentro de la categoría de los animales no humanos encontramos individuos muy diferentes, ya que pertenecen a distintas especies, con características biológicas completamente diferentes. Por ejemplo, la diferencia entre miembros de una misma categoría, como una rana y un chimpancé, es mucho mayor que la diferencia entre un humano y un chimpancé, siendo que éstos son miembros de especies diferentes.[117]

Si estamos hablando sobre los individuos de una misma categoría, esperamos que sean similares, mientras que las diferencias entre los individuos de categorías diferentes deberían ser notables, esto es: esperamos que los individuos de categorías

---

115 COHN, P. 1999. Una concepción inherentista de los animales. *Teorema: Revista Internacional de Filosofía* 18 (3):86.

116 Ibid, p. 87.

117 Ibid, p. 88.

diferentes sean muy desemejantes entre sí, pero esto no es la verdad de las categorías animal humano y animal no humano.[118]

A pesar de esto, los animales humanos y los animales no humanos son tratados jurídicamente hablando, de formas muy distintas. A los primeros se les considera titulares de derechos sin lugar a dudas, mientras que a los segundos no se les considera titulares de derechos.

Si nuestro propósito es salvaguardar a los animales de la crueldad o el sacrificio injustificado, no hay necesidad ninguna de otorgar derechos a los animales. Basta con prohibir estas conductas, es decir, establecer deberes de no maltrato,[119] creando de esta manera leyes bienestaristas.

No obstante, si deseamos adoptar una postura abolicionista, necesariamente debemos afirmar la existencia de derechos animales ya que los derechos protegen bienes o intereses especialmente importantes, *pero los protegen de una forma muy especial*. Concretamente, impidiendo que, a la hora de sacrificar el interés o bien protegido, sirva como razón justificativa el que, a través del sacrificio, se obtiene un mayor bienestar agregado.[120] Por lo tanto, una ética basada en los derechos postula una distribución no revisable de determinados bienes para la satisfacción de ciertas necesidades o intereses.[121] Una ética basada en los derechos identifica los mejores estados de cosas como aquellos en los que quedan garantizados mayor número de derechos básicos.[122]

Ahora cabe preguntarnos ¿Qué clase de derechos debieran tener los animales no humanos?

2.1. DERECHOS SUBJETIVOS

2.1.1. Derechos objetivos y derechos subjetivos

La palabra *derecho* es polisémica, o sea, tiene varios significados, y no sólo dentro del idioma en general, sino también en el campo jurídico.[123] Encontramos así los conceptos de derecho objetivo y derecho subjetivo.

---

118 Ídem.

119 HART, H. 1974. ¿Existen derechos naturales? *Filosofía Política*. México-Madrid-Buenos Aires, Anthony Quinton. (traducción de E. L. Suárez del original «Are there Any Natural Rights?» aparecida por primera vez en el volumen 64 de la *Philosophical Review* de 1955). 92 p.

120 DE LORA, P. op. cit., p. 224.

121 HART, H. 1983. *Essays in Jurisprudence and Philosophy*, Oxford, Clarendon Press. pp. 182-200.

122 DE LORA, P. op. cit., p. 230.

123 ALESSANDRI. A, SOMARRIVA. M y VODANOVIC A. 2005. *Tratado de derecho civil: partes preliminar y general*, tomo primero, 7a ed. Santiago, Editorial Jurídica de Chile. 6 p.

Por *derecho objetivo* entendemos que es "el conjunto de normas que, en una sociedad organizada y autónoma, disciplinan, generalmente bajo amenaza de sanción, el comportamiento de los miembros de ella en las relaciones que entablan entre sí para satisfacer sus necesidades materiales y espirituales y lograr el bien común. En palabras más simples, es el *conjunto de normas jurídicas*."[124]

Por *derecho subjetivo* entendemos que es un *interés jurídicamente protegido*. "La doctrina más seguida por los civilistas comprende que el derecho subjetivo tiene dos elementos, el del interés y el de la voluntad o el querer del individuo, y lo define como un poder de obrar (actuar) concedido a la voluntad del sujeto para la satisfacción de sus propios intereses, poder reconocido y garantizado por el derecho objetivo. También se dice, en el mismo sentido, que derecho subjetivo es un poder de querer atribuido al individuo para tutela de un interés reconocido por el derecho objetivo."[125]

Es imposible concebir la idea de derecho subjetivo sin que exista la noción de derecho objetivo. A raíz de esto, Barros señala: "Los derechos subjetivos son reconocidos a las personas en sus relaciones intersubjetivas. Por eso, sólo son concebibles como elementos de ese ordenamiento social que es el derecho [...] Las instituciones jurídicas que se expresan en derechos subjetivos tienen un fundamento moral que supone una opción fundamental por la constitución autónomamente responsable de la persona en su ámbito de vida más inmediato. Incluso los derechos que suponen un deber de protección positiva hacia la persona, como ocurre con los derechos sociales, sólo son jurídicamente relevantes cuando el derecho objetivo otorga una acción al titular para hacerlos valer frente a un órgano de la administración del Estado (o eventualmente, frente a otros sujetos privados, como ocurre con los servicios sociales que son objeto de concesión)".[126]

¿Por qué es importante hacer la distinción entre derecho subjetivo y derecho objetivo? Porque cuando hablamos de derecho subjetivo se relaciona con el titular del mismo, la persona que tiene el poder de obrar, llamada sujeto del derecho. En cambio, el derecho objetivo es exterior a todo sujeto, no se refiere a ninguno determinado ni a sus relaciones, sino que, al concepto del derecho desde el punto de vista del observador externo, vale decir, objetivo.[127]

Sin embargo, este doble sentido de la palabra "derecho", no lo encontramos en el idioma inglés, donde el derecho objetivo se designa con el término *law* y el derecho subjetivo con el de *right*.[128] Este último deja entrever qué tipo de derechos poseen los animales y los determina como *Animal Rights* (o derechos animales, en español).

---

124 Ibid, p. 6.

125 Ibid, p. 7.

126 BARROS, E. 1999. Límites de los Derechos Subjetivos Privados. Introducción a la doctrina del Abuso del Derecho. *Revista de Derecho y Humanidades* (7): 11.

127 BARROS, E. Límites de los Derechos Subjetivos Privados. Introducción..., op. cit., p. 8.

128 ALESSANDRI, A., SOMARRIVA. M y VODANOVIC A., op. cit., p. 8.

2.1.2. Definición del concepto de derecho subjetivo

De Lora lo define como "la pretensión o facultad atribuida a un sujeto o a una clase de sujetos frente a otro sujeto o clase de sujetos a quienes se les impone una prestación normativa correlativa".[129]

Para Figueroa el derecho subjetivo es "la facultad que el derecho objetivo concede al acreedor para exigir al deudor el cumplimiento de una prestación".[130]

Barros lo define como "la forma como el derecho concibe la autonomía que el derecho reconoce a las personas para desarrollar su vida y su actividad del modo más libre que resulte compatible con la libertad de los demás y con los intereses colectivos o difusos de la sociedad".[131]

En relación a la expansión de los derechos subjetivos a los animales, Hierro ha señalado que el derecho subjetivo es "un derecho de propiedad[132], propiedad que es, en primer lugar, *la de nosotros mismos* que por ello nos convierte en «sujetos» y en ningún caso en «objetos». Si los animales tienen derechos, son propietarios, al menos de su cuerpo, y por ello no pueden ser recursos".[133]

2.1.3. Elementos de los derechos subjetivos

"Para que exista el derecho subjetivo es menester:

1º. Que el ordenamiento jurídico conceda una facultad o prerrogativa, o dispense un beneficio. Los individuos no tienen derechos sino en la medida en que se los concede la norma objetiva.

2º. Que el ordenamiento jurídico imponga a la sociedad el deber, la obligación, de respetar los beneficios o prerrogativas que concedió a los individuos.

3º. Que el ordenamiento jurídico garantice o ampare la prerrogativa que ha concedido, en tal forma que el beneficiado con ella pueda reclamar protección legal cuando la prerrogativa sea desconocida o alterada por los demás.

4º. Que el titular tenga voluntad de ejercitar ese beneficio, garantía o prerrogativa.

---

129 PÁRAMO, A. 1996. Derecho subjetivo. *Enciclopedia Iberoamericana de Filosofía* (vol.11), Madrid, Trotta. 367 p.

130 FIGUEROA, G. op. cit., p. 205.

131 BARROS, E. *Derecho Civil I*, Tercera Parte. Escuela de Derecho, Universidad de Chile, Apuntes de clases. 10 p.

132 HIERRO, L. 2002. *El concepto de justicia y la teoría de los derechos*, Madrid, Alianza. 38 p.

133 DE LORA, P. Op. cit., p. 219.

5°. Que esta voluntad se concrete y manifieste reclamando la protección legal cuando el derecho sea perturbado o desconocido, o por medio de hechos voluntarios que acrediten el uso del derecho".[134]

Por lo tanto, si queremos extender los derechos subjetivos a los animales no humanos, se debe cumplir con los requisitos anteriores. Primero, nuestro ordenamiento jurídico debe reconocerles derechos expresamente, lo que requeriría una gran modificación a nuestro sistema jurídico. Segundo, el ordenamiento jurídico debe obligar a la sociedad entera a respetar estos derechos mediante leyes que sancionen su incumplimiento. Tercero, el ordenamiento jurídico debe garantizar efectivamente la protección de estos derechos, mediante leyes e instituciones que aseguren su libre ejercicio. Cuarto, los animales no humanos tienen intereses que deben ser respetados, como el interés en no sufrir o a la libertad. Si bien ellos no pueden manifestar su voluntad de la forma en que nosotros lo hacemos, no pueden hablar o escribir lo que desean, ellos se expresan de otras maneras y esto quedó ejemplificado en el primer capítulo. Frente a la problemática de la manifestación de voluntad de los animales no humanos, una solución factible sería que ellos puedan tener representantes legales que ejerzan el respectivo derecho en su nombre, al igual como ocurre con algunos seres humanos. Quinto, esta voluntad se puede manifestar y reclamar mediante representantes legales.

2.1.4. La posición de titular de los derechos subjetivos

"La noción de sujeto de derecho o de persona está estrechamente ligada a la de derecho subjetivo. En rigor, no son otra cosa que dos aspectos de la misma noción. El sujeto de derecho, cuyo modelo es el propietario, es el titular de un derecho subjetivo. Se lo concibe como un ser jurídico independiente del orden jurídico. Habría así una personalidad jurídica que el derecho encontraría de alguna manera preexistente en el individuo o en ciertas colectividades. El derecho objetivo, es decir, el derecho establecido por el Estado podría solamente reconocer esta personalidad y debería hacerlo si quiere ser un verdadero derecho".[135]

Cuando señalamos que los animales poseen derechos, nos referimos a que tienen derechos subjetivos, lo que conlleva a que son *sujetos de derecho* y estos deben ser reconocidos por el ordenamiento jurídico.

"Al derecho subjetivo corresponde siempre un deber, una obligación de otra persona. Tal deber u obligación puede tener por objeto una acción o una abstención."[136] A partir de esto, podemos señalar que para tener un derecho subjetivo debo tener un interés que debe ser respetado por otras personas, como es el caso de los animales no humanos.

---

134 FIGUEROA, G. Op. cit., p. 206.

135 KELSEN, H. Op. cit., p. 103.

136 BARROS, E. Límites de los Derechos Subjetivos Privados. Introducción a la doctrina del Abuso del Derecho. op. cit., p. 11.

"Cualquier sujeto de derecho es titular de derechos subjetivos. Ello se expresa en la *capacidad de goce*, el más elemental de los atributos de la personalidad, y que se expresa precisamente en la aptitud jurídica para ser titular de derechos."[137]

En el núcleo del derecho subjetivo encontramos la potestad que el derecho confiere al titular para hacer efectiva una cierta pretensión. Así, el control de la observancia de los derechos subjetivos queda entregado al respectivo titular.[138]

Por regla general, la pretensión puede ser hecha valer solamente por el titular del derecho subjetivo. En otras palabras, el orden jurídico otorga a cada persona los instrumentos para que haga valer sus propios derechos. Por eso, el aspecto personal del derecho subjetivo no sólo se relaciona como atributo de libertad, sino constituye una característica técnica del derecho privado y, sustancialmente, también del derecho constitucional: la observancia del derecho privado es tarea de los interesados, a quienes el derecho otorga acciones civiles y procesales.[139]

A partir de lo señalado, podemos preguntarnos: ¿Cómo un animal podría hacer valer una pretensión? Y la respuesta es simple: a través de *representantes legales,* como el caso de los *incapaces.*

Para tener un derecho subjetivo no es necesario tener conocimiento de ello, ni tampoco es necesario tener la capacidad de entender y de querer: el niño y, respectivamente, la persona con discapacidad mental, pueden tener derechos subjetivos (otra cosa es que no puedan, al menos temporalmente, ejercitarlos personalmente); el legado lo pueden adquirir aun sin saberlo; la ciudadanía se adquiere aunque el sujeto ignore que le compete, entre otros.[140] Si podemos extender los derechos subjetivos a seres humanos que no saben de la existencia de estos derechos, podemos extenderlos a los animales no humanos, que de alguna forma caen en una categoría similar.

El contenido propio del derecho subjetivo es, sobre todo, un poder jurídico (o dominio) de la voluntad, concedido por el ordenamiento jurídico al sujeto. Que sea considerado como poder, implica la posibilidad de dirigir la propia voluntad de ciertas maneras. Cuando se menciona el poder de la voluntad como contenido del derecho subjetivo, se alude a la voluntad potencial, no necesariamente actual. *Esto explica cómo el derecho subjetivo, aunque sea potestad de querer, puede corresponder también al incapaz de entender o de querer.*[141]

Es sustancial que los animales no humanos posean derechos subjetivos porque el reconocimiento de estos supone comúnmente que se limiten o afecten intereses

137 BARROS, E. *Derecho Civil I, Tercera Parte.* Op. cit., p. 19.

138 BARROS, E. Límites de los Derechos Subjetivos Privados. Introducción a la doctrina del Abuso del Derecho. op. cit., p. 11.

139 BARROS, E. *Derecho Civil I, Tercera Parte.* op. cit., p. 10.

140 FIGUEROA, G. op. cit., p. 203.

141 Ibid, p. 206.

ajenos.[142] Esto lo podemos ejemplificar de la siguiente manera: en Chile el rodeo es considerado un deporte nacional. Sin embargo, si reconocemos que los animales son sujetos de derecho, en este caso específico, los novillos, debiera prohibirse el rodeo ya que el novillo tiene un interés en no sufrir. Se limitaría entonces el interés de diversión y recreación de los seres humanos en pos del interés del animal, considerando así el rodeo como maltrato animal.

Cuando concedemos derechos a otros, afirmamos que un trato respetuoso es más relevante que el apoyo a políticas que promuevan el bien de otros, incluido el bien de la sociedad en su conjunto.[143]

Lo particular del derecho subjetivo es el poder que el ordenamiento jurídico reconoce al titular para inclinar a su favor el conflicto de intereses en cuestión.[144]

Cuando estamos en frente de una colisión de derechos, debemos ponderar los intereses que chocan, como queda de manifiesto en el ejemplo anterior. "Los derechos pueden estar en colisión recíproca, de modo que en tales situaciones el ejercicio de un derecho no puede ser extremado sin que se lesione un derecho de otro; ello comprende la exigencia de sopesar los bienes o intereses en juego a efectos de definir el ámbito recíproco de los derechos en conflicto, lo que resulta especialmente inevitable en el caso de derechos cuyas respectivas facultades no están establecidas con precisión por las normas que los establecen, como ocurre con los derechos de la personalidad."[145]

"El contenido del derecho subjetivo se define por sus atributos, esto es, por las facultades que confiere al titular. Cada tipo de derecho encuentra sus límites en esos atributos."[146]

Lo anterior se traduce que dependiendo de los atributos que tengan los animales no humanos será el tipo de derecho que tendrán. Por ejemplo, sería absurdo concederle a un cerdo el derecho a votar cuando no tiene interés en ello, pero sería sensato otorgarle el derecho a la vida porque tiene un interés en vivir.

Jorge Riechmann propone *graduar los derechos en función de las características que poseen los animales*[147], distinguiendo así, tres niveles:

"a) Los animales que son *cuasi-personas*, como los primates, tienen cierto nivel de autoconciencia, sentido del tiempo y continuidad biográfica:

---

142 BARROS, E. Límites de los Derechos Subjetivos Privados. Introducción a la doctrina del Abuso del Derecho. op. cit., p. 12.

143 REGAN, T. 1999. Poniendo a las personas en su sitio. *Teorema* 18(3): 19.

144 BARROS, E. Límites de los Derechos Subjetivos Privados. Introducción a la doctrina del Abuso del Derecho. op. cit., p. 12.

145 Ibid, p. 14.

146 Ibid, p. 12.

147 RIECHMANN, J. 2005. *Todos los animales somos hermanos*. Madrid, Catarata. pp. 223-224.

tales características son las que aconsejan garantizarle el derecho a la vida.

b) Un escalón más abajo encontraremos animales que carecen de tales capacidades, pero que son seres sintientes y sufren graves perturbaciones cuando están encerrados —pensemos por ejemplo en un águila—: a seres con tales capacidades parece razonable garantizarle el derecho a la libertad. Lo que nos interesa analizar son los derechos de la personalidad ya que estos son los que efectivamente se pueden expandir a los animales no humanos.

c) Finalmente, los animales más sencillos —pensemos en una rana, por ejemplo— pueden no poseer las características anteriores, pero seguirán siendo seres sintientes que pueden experimentar dolor y placer: a todos los seres sintientes habría que concederles el derecho animal básico a no ser torturado ni tratado con crueldad."[148]

Sin embargo, como crítica a esta clasificación es que Riechmann señala que sólo los animales del grupo A son "cuasi-personas", excluyendo al grupo B y C, otorgándole solamente el estatus de seres sintientes, por lo que no se garantizaría la totalidad de derechos que protejan sus intereses a estos grupos.

2.2. DERECHOS DE LA PERSONALIDAD

Estos son los *derechos inherentes a la persona.* En tal sentido son *atributos* de la personalidad que el derecho moderno *atribuye* a toda persona.[149] Se trata de derechos no pecuniarios que se concentran en la *persona* como centro de todo el derecho.[150]

Sus características son: 1) *originarios,* porque el individuo nace con ellos; 2) *absolutos,* porque pueden ejercitarse *erga omnes,* contra cualquier persona; 3) *no directamente apreciables en dinero,* pero pueden producir consecuencias patrimoniales cuando son violados (ofensas al honor, por ejemplo); 4) *intransferibles e intrasmisibles,* pues la persona no puede desprenderse de ellos, e 5) *imprescriptibles,* porque no se ganan ni se pierden por su goce o su desuso.[151] Además, tampoco se pueden renunciar.

"Los derechos de la personalidad encuentran su fundamento en la *dignidad* de toda persona. De este concepto de dignidad derivan los derechos a la igualdad, a la no discriminación y a la libertad. Sin pretensiones de exhaustividad, algunos de estos derechos de la personalidad son el derecho

148 Ídem.

149 BARROS, E. *Derecho Civil I, Tercera Parte.* op. cit., p. 39.

150 FIGUEROA, G. op. cit., p. 225.

151 Ibid, p. 229.

> a la vida, el derecho a la integridad física y psíquica, el derecho al honor, el derecho a la privacidad, al secreto, a la intimidad, a la imagen y a la inviolabilidad del hogar, el derecho a la libertad, y el derecho a la actividad vital y al trabajo."[152]

Sin embargo, para la doctrina tradicional la dignidad se encuentra solamente en los seres humanos.

> "Hay una cualidad o circunstancia que se manifiesta en todos los hombres: la dignidad, una especial excelencia que afecta a toda persona humana precisamente por el hecho de ser persona, concepto este que trasciende infinitamente, en el orden valorativo, a la mera noción de individuo".[153]

Vemos así, que esta noción de dignidad excluye a los animales no humanos, sin argumento válido alguno. "La noción de dignidad, tal y como la concibe el pensamiento especista, no parece tener nada que ver con los hechos: se asigna a los miembros de nuestra especie (incluyendo a los niños, los disminuidos psíquicos, etc.) como una especie de premio incondicional, sin reparar en merecimientos. En caso de que deseemos absolutamente conservar este premio metafísico, a algunos nos gustaría ampliar el círculo de los agraciados, de manera que los animales no quedasen completamente privados de tales beneficios. Cabe pensar que la dignidad no es algo que se posea por pertenencia a una especie zoológica. Depende de la inserción en ciertas tradiciones culturales y en una vida moral: hay seres humanos con dignidad y otros que carecen de ella. En cualquier caso, la divisoria digno/ indigno no coincide con la de animal humano/ animal no humano".[154]

Vemos entonces, que la dignidad no es un concepto exclusivo de los seres humanos y es posible extenderlo a los animales no humanos.

Por otro lado, los derechos de la personalidad pueden agruparse en dos categorías:

a) Los que conciernen a la individualidad física: tienen por objeto, primero asegurar nuestra propia existencia (la vida), y, en seguida, la integridad corporal, la salud, la actividad física.

b) Los que conciernen a la individualidad moral: tienen por objeto el honor en sus diversas manifestaciones, y comprenden también el derecho al nombre y la actividad intelectual.[155] La integridad moral es cautelada protegiendo ámbitos de autonomía y respeto.[156]

---

152 Ibid, p. 226 p.

153 GARRIDO, M y FERNÁNDEZ A. 1989. Nociones jurídicas básicas. Madrid, UNED. 155 p.

154 RIECHMANN, J. op. cit., p. 212.

155 ALESSANDRI, A., SOMARRIVA. M y VODANOVIC A., op. cit., p. 221.

156 BARROS, E. *Derecho Civil I, Tercera Parte*. op. cit., p. 39.

"Los derechos de la personalidad están expresados en la Constitución de una manera general. Las normas del artículo 19 señalan un ámbito de protección, sin definir los límites de los derechos. Por eso, su concreción en reglas más precisas es tarea legal o jurisprudencial. En parte ha comenzado también su regulación legal.[157]

Como señale anteriormente, hay derechos de la personalidad que no poseerán los animales, y los que posean, serán defendidos por sus respectivos representantes legales.

Así, los derechos de la personalidad que les concierne a los animales no humanos, serán los de la primera categoría, esto es, los de la individualidad física, específicamente por excelencia será el derecho a la *integridad física*.

> "El derecho a la integridad física puede entenderse a partir de dos puntos de vista:
>
> El primero de ellos dice relación con la obligación que pesa sobre cualquier persona de no realizar acto alguno que implique una intromisión indebida en el cuerpo de otra. Por regla general, ni el Estado, ni persona alguna está facultada para mutilar, utilizar partes del cuerpo de otro, o entrometerse en cualquier parte de su cuerpo. Así es como en nuestro ordenamiento jurídico encontramos una serie de normas tendientes a proteger el cuerpo humano, al punto de calificar como delito cualquier acto que atente contra la integridad física de las personas.
>
> En segundo lugar, podemos mirar este derecho desde el punto de vista de su titular, y entonces lo definiremos como el derecho que tiene toda persona para destinar su cuerpo a la actividad lícita que mejor le parezca, seguir la vocación vital que estime pertinente y para disponer de su propia actividad física e intelectual. En este aspecto, el derecho a la integridad física se entiende como una emanación del principio de la libertad de todas las personas."[158]

Lo anterior se traduciría en que no podríamos dañar a los animales no humanos de ninguna forma; no podríamos explotarlos y asesinarlos debido a ningún interés humano que no sea lo suficientemente justificable, como sería el caso de la vestimenta, entretenimiento e incluso, alimentación.

---

157 BARROS, E. *Derecho Civil I, Tercera Parte.* op. cit., p. 39.

158 FIGUEROA, G. op. cit., p. 229.

3.
¿QUÉ ESTATUS JURÍDICO DETENTAN LOS ANIMALES NO HUMANOS?

Los animales no humanos son considerados, según el artículo 567 de nuestro Código Civil, *bienes muebles semovientes.* Cuando decimos que son *bienes*, quiere decir que son cosas (en este caso corporales, o sea, que tienen un ser real y pueden ser percibidas por los sentidos); que sean *muebles* deriva en que se pueden transportar de un lugar a otro y, finalmente, que sean *semovientes* se traduce en que se mueven por sí mismas.

En esta línea, nuestro Código Civil, en los artículos 606 y siguientes, reglamenta la forma en que se puede adquirir el dominio sobre las "cosas que no pertenecen a nadie", como los animales salvajes.

Vemos así, que, para nuestro sistema jurídico, los animales no humanos son meros objetos susceptibles de apropiación, por lo tanto, no se les reconoce derecho alguno; no son sujetos de derecho, todo lo contrario, son *objetos* de derecho.

No obstante, no estoy de acuerdo con esta clasificación y argumentaré que los animales no humanos son sujetos de derecho, lo que se traduce en que sean *personas.*

3.1. CONCEPTO DE PERSONA: IMMANUEL KANT

Nuestro Código Civil, en su artículo 55 señala que "son personas todos los individuos de la especie humana, cualquiera que sea su edad, sexo, estirpe o condición". A partir de esto, vemos que se excluye a los animales no humanos.

Si bien distintos autores han dado su opinión respecto a lo que consideran persona, para este trabajo es relevante analizar el concepto de persona de uno de los autores más influyentes en esta materia: Immanuel Kant.

La concepción de la racionalidad de Kant ha tenido una fuerte repercusión en la ética, y en este caso específico, en cómo percibimos a los animales no humanos. Kant defiende que los animales no humanos son cosas, postura imperante en nuestra sociedad, por lo cual es muy importante estudiarla (y posteriormente criticarla).

El concepto de persona de Kant está relacionado con el uso de la moral. Precisamente, para que un ser cuente como persona implica que debido a su naturaleza es un *fin en sí mismo*, y, por tanto, no se puede tratar únicamente como medio. Su valor es *intrínseco*, a diferencia de las cosas, que encuentran su valor exclusivamente en el servicio que se presta a otros. Por consiguiente, sólo las personas tienen *dignidad*, en cambio, las cosas tienen precio o utilidad.[159] Por ende, sí las personas tienen dignidad y no precio es por *su naturaleza racional.*

> "Los seres cuya existencia no descansa en nuestra voluntad, sino en la naturaleza, tienen, empero, si son seres irracionales, un valor meramente relativo, como medios, y por eso se llaman cosas; en cambio, los seres racionales llámense personas porque su naturaleza los distingue ya como fines en sí mismos, esto es, como algo que no puede ser usado meramente como medio, y, por tanto, limita en ese sentido todo capricho (y es un objeto del respeto)".[160]

Kant argumenta que el estatus moral se justifica por la racionalidad, y esta se manifiesta a través de la capacidad para legislar y actuar por principios morales: "La moralidad es la condición bajo la cual un ser racional puede ser fin en sí mismo; porque sólo por ella es posible ser miembro legislador en el reino de los fines. Así, pues, la moralidad y la humanidad, en cuanto que ésta es capaz de moralidad, es lo único que posee dignidad".[161]

Lo moral sólo es posible en seres racionales que elaboran leyes que delimitan su voluntad (regidos por la buena voluntad). Esta capacidad innata para crear leyes morales y la disposición para respetarlas los dota de dignidad y determina su consideración como fines en sí mismos[162].

Kant imaginaba dos reinos diferentes; uno estaba definido por la causalidad y el otro por la libertad. Los seres que carecen de racionalidad actúan mediante su Instinto y pertenecen al reino de la causalidad; en cambio, los seres racionales pueden elevarse al reino de la libertad, y actuar mediante su racionalidad conforme a las leyes morales. La fuente de la dignidad radica en esta posibilidad que le es otorgada por su capacidad moral[163].

> "El hombre, y en general todo ser racional, existe como fin en sí mismo, no sólo como medio para usos cualesquiera de esta o aquella voluntad; debe en todas sus acciones, no sólo las dirigidas a sí mismo, sino las dirigidas a los demás seres racionales, ser considerado siempre al mismo tiempo como fin".[164]

---

159 MORALES, H. 2015. Estatus moral y concepto de persona. En: VERGARA, FABIOLA. *Problemas actuales de la filosofía jurídica*. Santiago, Librotecnia. 139 p.

160 IMMANUEL, K. 1921. *Fundamentación de la metafísica de las costumbres.* (traducción Manuel García). Madrid, Calpe. 42 p.

161 Ibid, 48.

162 MORALES, H. op. cit., p. 141.

163 Ídem.

164 IMMANUEL, K. op, cit., p. 41.

Kant hace alusión expresa a los animales no humanos e indica: "Como los animales existen únicamente en tanto que medios y no por su propia voluntad, en la medida en que no tienen consciencia de sí mismos [...] no tenemos por lo tanto ningún deber para con ellos de modo inmediato; los deberes para con los animales no representan sino deberes indirectos para con la humanidad".[165]

En conclusión, para Kant sólo las personas pueden tener dignidad moral y deben merecer respeto directamente; asimismo, la dignidad moral de un individuo es dependiente de su naturaleza racional. Por lo tanto, únicamente los seres humanos pueden ser personas.

Sin embargo, sus ideas no están exentas de críticas. Al razonar que sólo los seres humanos pueden ser personas debido a la racionalidad que poseen, no solo se deja fuera a los animales no humanos, sino que también a los bebés, a los niños, a los seres humanos en estado de coma y a los que sufren retrasos mentales graves.

Por tanto, debemos encontrar otra característica plausible que justifique el concepto de persona.

3.2. CRÍTICA AL CONCEPTO DE PERSONA Y LOS REQUISITOS PARA SER CONSIDERADO COMO TAL

3.2.1. Críticas de Tom Regan

Regan señala que el enfoque fáctico sobre la posesión de derechos es el preferido para explicar por qué los seres humanos tienen la calidad de personas. "El enfoque fáctico consiste en la especificación de un conjunto de características no-morales, verificables empíricamente, consideradas como constitutivas de la persona. Las características en cuestión pueden variar de un filósofo a otro. Algunos prefieren un pequeño puñado de características: por ejemplo, *racionalidad y autonomía*. Otros prefieren un inventario más extenso, incluyendo (además de la racionalidad y la autonomía) todas o algunas de las características siguientes: conciencia, autoconciencia (entendida como la capacidad de proyectar la propia existencia hacia el futuro), percepción sensorial, y las capacidades de comunicación, de sensación, de emociones y de acción intencional. Sea cual sea el conjunto de características preferido, aquellos individuos que posean las características definitorias son considerados personas, mientras que aquellos individuos que carecen de ellas, con independencia de cualquier otra cosa que sea verdadera de ellos, son clasificados como no-personas".[166] Solamente los individuos tienen derechos si y sólo si son personas; y los individuos son personas si y sólo si son racionales y autónomos.[167]

---

165 IMANNUEL, K. 2008. *Lecciones de ética* (trad. Roberto Rodríguez y Concha Roldán). Barcelona, Crítica. p. 115.

166 REGAN, T. Poniendo a las personas en su sitio. op. cit., p. 23.

167 Ibid, p. 24.

Por lo anterior, en principio todos los seres humanos cumplirían con la racionalidad y autonomía, y los animales no; por ende, los primeros serían considerados personas y los segundos no.

No obstante, hay seres humanos que no cumplen con estas características e igualmente son considerados personas. No se nos ocurriría calificarlos de otro modo. "Si el que A sea una persona depende de que A sea racional y autónomo, entonces los niños pequeños *no* tienen derechos. Efectivamente, al carecer, como les ocurre, de esas capacidades, *no* pueden tener derechos".[168]

> "Los niños pequeños no son racionales ni autónomos. Eso es un hecho. Pero (podría aducirse) también es un hecho que adquirirán esas capacidades (y por lo tanto se convertirán en personas) durante su proceso normal de desarrollo. Así, alguien que acepte el enfoque fáctico podría mantener que, en cuanto que personas potenciales, los niños pequeños deberían ser tratados como si fueran personas de hecho, y por lo tanto como si de hecho tuvieran derechos".[169]

Sin embargo, hay algunos niños que carecen de la potencialidad de convertirse en personas durante su proceso normal de desarrollo. Pueden desarrollar otras características inherentes al ser humano, como la conciencia, la capacidad de sentir dolor y experimentar placer o tener emociones, pero lo que estos niños no tienen y nunca tendrán, es la potencialidad de convertirse en agentes racionales y autónomos. Al no poseer estas cruciales características, estos niños nunca se convertirán, ni nunca podrían convertirse en personas.[170] Señalar tan tajantemente que estos niños no son personas puede sonar incluso descabellado, pero si somos rigurosos en razón a la racionalidad y autonomía que caracteriza esencialmente a las personas, jurídicamente hablando no lo son.

El caso anterior se puede comparar con la situación de los animales no humanos, que tampoco tienen racionalidad y autonomía, mas los primeros son respetados y los segundos no. "¿Qué juicio habríamos de emitir sobre el estatus moral de los animales no humanos que se asemejan a los niños humanos en los aspectos pertinentes, es decir, aquellos animales que se hallan en el mundo y son conscientes de él; que tienen experiencia placentera de algunas cosas, dolorosa de otras; que pueden ser asustados y confortados; que son capaces de comunicar sus deseos y sus preferencias, sus alegrías y sus penas, su reconocimiento de quienes les resultan familiares y su sospecha de los extraños; que, como los niños, tienen tanto una presencia psicológica unitaria en el mundo como un bienestar experiencial a lo largo del tiempo; que (en resumen) son los sujetos- de-una-vida —su vida— una vida en la que les va bien o mal, con independencia lógica de consideraciones acerca de cuán valiosos puedan

168 Ibid, p. 26.

169 Ibid, p. 27.

170 Ibid, p. 28.

ser para los demás? Si es malo matar o hacer daño de otro modo rutinariamente a niños que tienen estas características, meramente para que se beneficien otros, y si esto es una base suficiente para que posean derechos, entonces ¿cómo podemos evitar sacar las mismas conclusiones en relación con aquellos animales no humanos que se asemejan a esos niños en los aspectos pertinentes? Dicho brevemente, *si esos niños tienen derechos, ¿cómo podemos ser consistentes al rechazar el reconocimiento de los derechos de esos animales?"*[171].

Para solucionar este conflicto, deberíamos considerar otras características que sean esenciales para calificar a un individuo como persona, para que la racionalidad y la autonomía no sean las imperantes y no exista esta dicotomía.

Una solución factible, por ejemplo, es la que plantea Michel Tooley. Este autor sostiene que para considerar a una entidad como una persona en un *sentido mínimo* se deben satisfacer las siguientes propiedades psicológicas[172]: (1) tener experiencias pasadas o presentes; (2) persistencia en el tiempo como sujeto de experiencias; (3) las experiencias y el resto de estados mentales en distintos tiempos deben estar psicológicamente conectados; (4) al menos, algunas de las conexiones deben implicar pensamientos conscientes sobre las experiencias en un momento, y sobre los estados mentales en otro.[173]

Con todo, según Tooley, un concepto *completo* (exigencia para ser titular de derechos) de persona exige dos condiciones adicionales: (5) tener o haber tenido deseos conscientes; (6) los pensamientos que vinculan los estados mentales de distintos tiempos de una forma consciente deben comportar la idea que la experiencia y los otros estados mentales que existieron en otro tiempo fueron propios (esta exigencia es únicamente para ser titular del derecho a continuar existiendo)[174].

Vemos así, que esta es una posible solución ante esta problemática, pero no la única.

3.2.2. Críticas de Jorge Riechmann

Riechmann advierte que el concepto de persona no es coextensivo con el de ser humano. Por lo tanto, hace una distinción entre *organismo humano* (todo miembro de la especie animal *Homo sapiens*) *y persona como agente moral*.[175] Además, propone un nuevo concepto: *cuasi-persona.*

"Si una persona es un agente moral dotado de sus atributos típicos (vale decir: es un ser racional, libre, consciente y responsable de sus actos), entonces sólo algunos

171 Ibid, p. 31.

172 MORALES, H. op. cit., p. 146-147.

173 TOOLEY, M. Abortion: Why a Liberal View is correct? En: *Abortion: Three Perspectives.* Oxford, Oxford University Press, p. 9-10.

174 MORALES, H. op. cit., p. 147.

175 RIECHMANN. op. cit., 205.

seres humanos serán personas (los adultos 'normales'), y habrá humanos que no serán personas en sentido estricto (los niños pequeños, el enfermo en coma profundo, etc.). Nada se opone, sin embargo, a que los consideremos cuasi-personas (serían las "personas en sentido social" de Engelhardt). Definiremos a las cuasi-personas, por consiguiente, como aquellos animales superiores que carecen total o parcialmente de alguno de los rasgos definitorios de la persona como agente moral (racionalidad, autonomía moral, autoconsciencia, responsabilidad por los propios actos) por padecer algún tipo de incapacidad básica, transitoria o no [...] En nuestro caso diremos que *son cuasi-personas todos aquellos seres humanos que no son personas en sentido moral* (incluyendo desde luego casos como el recién nacido, el deficiente mental profundo o el enfermo reducido a la condición de lo que a veces se llama 'vegetal humano'); y también aquellos animales cuyas capacidades sensoriales, emocionales e intelectuales no quedan por debajo de aquellos 'casos límite' de lo humano".[176] En este último caso incluye a los gorilas, orangutanes, orcas y delfines; y deja fuera animales como los lagartos o las palomas[177].

"Las personas en sentido estricto son agentes morales que pueden tener derechos y deberes, mientras que las cuasi-personas (que no son agentes morales ni pueden ser moralmente responsables de sus actos, ni imputables en Derecho) pueden tener derechos, mas no deberes. Ahora podemos dar nuestra respuesta a la pregunta por la titularidad de los derechos: tanto las personas como las cuasi-personas pueden ser titulares de derechos".[178] Esto lo justifica porque las cuasi-personas son seres vivos poseedores de intereses que no pueden prestar su consentimiento, por poseer algún tipo de incapacidad básica, transitoria o no.[179]

Sin embargo, no comparto totalmente su planteamiento. Creo que, al ser nuevo, el concepto de cuasi-persona se tendría que modificar bastante en nuestro ordenamiento jurídico, y no lo encuentro necesario porque tenemos la figura de los *absolutamente incapaces*. Asimismo, creo que si señalamos que unos animales son cuasi-personas y otros no, se cae en especieísmo, cosa que he criticado a lo largo del trabajo.

"*Las capacidades sensoriales, intelectuales y emocionales de un ser vivo son moralmente relevantes; y no lo es su pertenencia a una raza, un linaje, una nación o una determinada especie*".[180] En consecuencia, para que sea efectivo el reconocimiento y protección de los derechos animales, debe estar amparado por nuestro sistema jurídico.

3.3. ATRIBUTOS DE LA PERSONALIDAD

Los atributos de la personalidad son ciertos elementos necesariamente vinculados a toda persona e indispensables para el desenvolvimiento de ella como sujeto

176 RIECHMANN, J. 2005. *Todos los animales somos hermanos*. Madrid, Catarata. pp. 205-206.

177 Ídem.

178 Ibid, p. 209.

179 Ibid, p. 210.

180 Ibid, 208 p.

de derechos. Esos atributos son propios tanto de las personas naturales como de las jurídicas.

Estos son: 1) La capacidad jurídica, que es la aptitud legal de las personas para adquirir y ejercer derechos por sí mismas. Se clasifica en capacidad de goce y de ejercicio; 2) La nacionalidad; 3) El nombre; 4) El estado civil (no lo tienen las personas jurídicas); 5) El domicilio, y 6) El patrimonio.[181]

El que nos interesa analizar ahora es la capacidad jurídica, especialmente la capacidad de goce ya que es el *atributo que otorga la personalidad.*

3.4. CAPACIDAD DE GOCE

"Persona es todo ente dotado de capacidad de goce, y ésta es atributo característico y exclusivo de las personas. *Los conceptos de personalidad y capacidad de goce se implican recíprocamente: no hay persona sin capacidad de goce, y capacidad de goce sin persona*".[182]

"Por lo anteriormente dicho, no existen seres humanos desprovistos en absoluto de la capacidad de goce. Privar a un ser humano de la capacidad para adquirir todo derecho, sería borrarlo del número de las personas".[183]

En palabras simples, la capacidad de goce es la aptitud legal para adquirir derechos.

> "La capacidad de goce puede concebirse sin la capacidad de ejercicio, porque el titular de un derecho puede ser, según los casos, capaz o incapaz para hacerlo valer por sí mismo. En otros términos, hay personas que, aunque poseen el goce de derechos civiles, no tienen su ejercicio. Son las que propiamente hablando, se llaman *incapaces.*"[184]

3.5. CAPACIDAD DE EJERCICIO

"La capacidad de ejercicio, denominada también capacidad de obrar, es la aptitud para ejercer los derechos por sí mismo, o, como dice el Código Civil, el poder obligarse por sí mismo, y sin el ministerio o autorización de otro (art. 1445, inciso 2º)."[185]

La capacidad es la regla, por ende, "todo individuo, por el solo hecho de ser persona, tiene la capacidad de goce, esto es, la aptitud para adquirir derechos, pero para

181 ALESSANDRI, A., SOMARRIVA. M y VODANOVIC A., op. cit., p. 275.

182 Ídem.

183 Ídem.

184 ALESSANDRI, A., SOMARRIVA. M y VODANOVIC A. 2009. Tratado de Derecho Civil. Partes preliminar y general, tomo dos. Santiago, Editorial Jurídica de Chile. pp. 248-249.

185 Ídem.

ejercitarlos es preciso que tenga *discernimiento*, vale decir, facultad para comprender el alcance de sus actos, y que no esté declarado incapaz por ley".[186] A partir de esto, vemos que los animales no humanos no tendrían discernimiento, por lo que serían *incapaces*.

"La incapacidad puede ser absoluta o relativa. La primera impide ejecutar acto jurídico alguno; el incapaz absoluto no puede ejercitar el derecho bajo ningún respecto ni en circunstancia alguna. La incapacidad relativa permite la celebración de actos jurídicos; el relativamente incapaz puede ejercitar su derecho bajo determinados respectos y en determinadas circunstancias".[187]

Para este trabajo importa analizar el caso de los *absolutamente incapaces*.

El artículo 1447 del Código Civil señala que son absolutamente incapaces los dementes, los impúberes y los sordos o sordomudos que no pueden darse a entender claramente. Señala además, que los actos cometidos por ellos no producen ni siquiera obligaciones naturales y no admiten caución.

Considero que los animales no humanos se encuentran en la misma categoría que los casos de seres humanos anteriormente señalados, ya que no poseen discernimiento pero tienen derechos que deben ser defendidos; por tal razón, podemos considerar que son *incapaces absolutos*.

¿Pueden actuar los incapaces absolutos en la vida jurídica? Sí, mediante un *representante legal* que representará la voluntad del incapaz absoluto.[188]

> "Existe representación, entonces, cuando un acto jurídico es celebrado por una persona en nombre y por cuenta de otra, en condiciones tales que los efectos se producen directa e inmediatamente para el representado, como si este mismo hubiera celebrado el acto".[189]

Esto es confirmado por el artículo 1448 del Código Civil: "Lo que una persona ejecuta a nombre de otra, estando facultada por ella o por la ley para representarla, produce respecto del representado iguales efectos que si hubiese contratado el mismo".

Según el artículo 43 del mismo Código "son *representantes legales* de una persona el padre o la madre, el adoptante y su tutor o curador".

Por lo tanto, quien es apto para representar los intereses de los animales no humanos es el *tutor*. Para aclarar mi idea, daré un ejemplo: yo adopté un gato; como él no puede manifestar su voluntad como los seres humanos lo hacemos, necesitará que

---

186 ALESSANDRI, ALESSANDRI, A., SOMARRIVA. M y VODANOVIC A. *Tratado de Derecho Civil*. Partes preliminar y general, tomo dos. op. cit., p. 250.

187 Ídem.

188 Ibid, p. 251.

189 Ibid, p. 394.

alguien lo represente. De manera que, para que se puedan respetar sus derechos subjetivos, yo seré su representante legal, en este caso, su tutora. Si por ejemplo, lo llevo al veterinario y éste lo daña físicamente de alguna forma, afectando su integridad física, yo puedo demandar al veterinario por negligencia veterinaria.

3.6. ¿CUÁL ES LA RELEVANCIA DE CONSIDERAR A LOS ANIMALES NO HUMANOS COMO PERSONAS?

Las consecuencias legales de considerar a un individuo como persona presentan una doble faz: *la titularidad de derechos y la responsabilidad.*[190] "El Derecho, por un lado, limita los senderos que pueden ser transitados al ordenar o prohibir determinadas acciones y omisiones en atención a lo que es debido a un conjunto de seres. La protección de los intereses de estos seres se puede traducir en la atribución de un grupo de derechos jurídicos. Por otro lado, el Derecho dirige sus órdenes y prohibiciones a un conjunto de seres que de no seguir lo ordenado y prohibido son responsables por su actuar ilícito. La convergencia de estos conjuntos de seres es contingente. En la personalidad jurídica, entonces, lo que el hablante hace es afirmar que la mascota no satisface los requisitos que un determinado ordenamiento jurídico establece para que algo cuente como persona, y que, por tanto, no debe adscribírsele la consecuencia legal de ser titular del derecho patrimonial a heredar".[191]

Como vimos anteriormente, no es necesario tener responsabilidad para ser considerado persona, como el caso de los incapaces absolutos. Tampoco los animales deben tener todos los derechos que tenemos nosotros, como heredar, sino derechos acordes a sus capacidades e intereses. Por tanto, es factible que los animales no humanos posean este estatus jurídico.

En conclusión, "todo derecho compete a un sujeto llamado persona, la idea de personalidad es necesaria para dar una base de derechos y obligaciones".[192] Si aceptamos que los animales no humanos poseen derechos subjetivos, es sumamente importante que reconozcamos a los animales como personas y no como meros bienes muebles semovientes.

"Para constituir e ilustrar la noción de personalidad moral, no necesitamos invocar la Raza, el Estado, la Nación, la Gente, la Sociedad, la Comunidad, el País, o cualquier otra Persona metafórica elaborada, como uno de los *Supposita*. No queremos tanto como un equipo de fútbol, ni siquiera una familia.

No necesitamos nada más que un niño pequeño y un perro pequeño. Cada uno es un Centro de Sensación perceptible separado; y por tanto *una Persona*. Cada uno puede sufrir dolor y, por lo tanto, cada uno es un sujeto potencial de agravios y con-

190 MORALES, H. op, cit., p. 134.

191 Ídem.

192 ALESSANDRI, A., SOMARRIVA. M y VODANOVIC A. *Tratado de Derecho Civil.* Partes preliminar y general, tomo dos. op. cit., p. 239.

secuentes derechos. Cuando el niño intenta patear al perro, está intentando una equivocación y, por lo tanto, evoca un derecho a morder en autodefensa. Si se logra dar la patada, da lugar a un derecho a buscar una retaliación por el dolor. Pero si, antes de que el perro pueda morderle la pierna, le regala una caricia, entonces tenemos un caso de reparación, o compensación ofrecida y aceptada [...] y se ha reestablecido el equilibrio de la justicia".[193]

3.7. ANIMALES COMO PERSONAS ¿UNA IDEA INSENSATA?

Para algunos, puede sonar casi absurdo que los animales no humanos sean considerados sujetos de derechos, sin embargo, esto se ha hecho viable mediante el recurso de *habeas corpus* a una orangutana, y creo posible que esto se puede extender al resto de los animales no humanos dotados de sensibilidad.

3.7.1. Habeas Corpus

El habeas corpus es "la acción y recurso de amparo tiene por objeto reclamar, hacer cesar y evitar que sean ejecutadas toda detención o prisión arbitrarias y cualquiera otra privación, perturbación o amenaza del derecho a la libertad personal y seguridad individual"[194].

En Chile, el *habeas corpus* o recurso de amparo está consagrado en el artículo 21 de nuestra Constitución Política[195].

La acción de amparo está establecida en favor de personas naturales (sujeto activo), pues las personas jurídicas no pueden ver amagada su libertad y su seguridad

193 THORBURN, M. 2012. What is a Person? En: *Oxford Journals.* 26 (103):297.

194 CHAIGNEAU, A. 2002. *Tramitaciones en las Cortes de Apelaciones,* 5ª ed. Santiago, Editorial Jurídica de Chile. 191 p.

195 Artículo 21.- Todo individuo que se hallare arrestado, detenido o preso con infracción de lo dispuesto en la Constitución o en las leyes, podrá ocurrir por sí, o por cualquiera a su nombre, a la magistratura que señale la ley, a fin de que ésta ordene se guarden las formalidades legales y adopte de inmediato las providencias que juzgue necesarias para restablecer el imperio del derecho y asegurar la debida protección del afectado.

Esa magistratura podrá ordenar que el individuo sea traído a su presencia y su decreto será precisamente obedecido por todos los encargados de las cárceles o lugares de detención. Instruida de los antecedentes, decretará su libertad inmediata o hará que se reparen los defectos legales o pondrá al individuo a disposición del juez competente, procediendo en todo breve y sumariamente, y corrigiendo por sí esos defectos o dando cuenta a quien corresponda para que los corrija.

El mismo recurso, y en igual forma, podrá ser deducido en favor de toda persona que ilegalmente sufra cualquiera otra privación, perturbación o amenaza en su derecho a la libertad personal y seguridad individual. La respectiva magistratura dictará en tal caso las medidas indicadas en los incisos anteriores que estime conducentes para restablecer el imperio del derecho y asegurar la debida protección del afectado.

individual.[196] Por lo tanto, para que a un individuo le reconozcan esta acción debe ser *necesariamente sujeto de derechos.*

Además, la acción de protección se dirige en contra del Estado y frente al agresor si se le conoce; en consecuencia, puede ser cualquiera (sujeto pasivo). Sin embargo, no es necesario que se determine con exactitud la persona del ofensor.[197]

Si bien, en Chile no se le ha concedido a ningún animal no humano esta acción, en el derecho comparado encontramos diversos casos en que sí se ha concedido. A continuación, analizaré uno de ellos.

3.7.2. Orangután Sandra

En Argentina, en Noviembre del 2014, el abogado Pablo Buompadre, presidente de la Asociación de Funcionarios y Abogados por el Derecho de los Animales (AFADA), presentó un recurso de *habeas corpus* ante el Juzgado de Instrucción N° 47 de la ciudad de Buenos Aires, a favor de una orangután llamada Sandra, que habitaba en el zoológico de la ciudad de Buenos Aires, aduciendo que el animal *fue privado ilegítima y arbitrariamente de su libertad por parte de las autoridades del zoológico*, y que su estado de salud físico y psíquico se hallaban profundamente deteriorados, con evidente riesgo de muerte. Razón por la cual requirió su urgente liberación y su posterior e inmediato traslado y reubicación en el santuario de primates de Sorocaba, ubicado en Brasil.[198]

El recurso interpuesto alegaba la privación ilegítima y arbitraria de la libertad, así como el confinamiento injustificado de un animal con probada capacidad cognitiva, y pedía que Sandra pudiera vivir entre sus congéneres en un lugar adecuado, solicitando su liberación y traslado a un santuario de primates[199].

El recurso fue rechazado en primera y en segunda instancia. Sin embargo, la Sala II de la Cámara Federal de Casación Penal revirtió esa sentencia y consideró el argumento que estimaba que se trataba de un "confinamiento injustificado de un animal con probada capacidad cognitiva". La AFADA argumentó que Sandra estaba sufriendo por el encierro, y por ser objeto de exhibición ante las personas que visitan el zoológico[200].

Lo relevante de esta sentencia es lo que señala en el punto 2:

2) "Que, a partir de una interpretación jurídica dinámica y no estática, menester es reconocerle al animal el carácter de sujeto de derechos, pues los sujetos no humanos

---

196 ALMONACID, L. *El recurso de amparo o Habeas corpus*. Universidad de Magallanes 5 p.

197 Ibid, p. 6.

198 DE BAGGIS, G. Solicitud de Hábeas Corpus para la Orangután Sandra. Comentario a propósito de la Sentencia de la Cámara Federal de Casación Penal de la Ciudad Autónoma de Buenos Aires, de 18 de diciembre de 2014, 2 p.

199 Ibid, p. 3.

200 Ídem.

(animales) son titulares de derechos, por lo que se impone su protección en el ámbito competencial correspondiente".[201]

Para argumentar lo anterior, la Corte se basa en dos libros del jurista Zaffaroni: "Derecho Penal. Parte General[202]" y "La Pachamama y el Humano[203]".

Como vimos en este capítulo, es completamente posible considerar a los animales no humanos como sujetos de derecho y otorgarle el estatus jurídico de persona.

Eso sí, se requiere un cambio de mentalidad en la sociedad. Debemos dejar de considerar a los animales no humanos como inferiores y tenemos que reconocerles los derechos subjetivos que poseen.

El reconocer derechos a los animales no es un tema de compasión o simpatía para con ellos, sino que es un tema de *justicia.*

Como dijo Paul Auster: "Si la justicia existe, tiene que ser para todos; nadie puede quedar excluido, de lo contrario ya no sería justicia".

---

201 Sentencia Orangután Sandra, 1 p.

202 ZAFFARONI, E. 2002. *Derecho Penal – Parte General*, Buenos Aires, Ediar. 493 p.

203 ZAFFARONI, E. 2011. *La Pachamama y el humano.* Buenos Aires, Ediciones Colihue. p. 54-57.

CONCLUSIONES

A lo largo de la historia, el ser humano ha argumentado que es superior al resto de los animales por la sencilla razón de que posee racionalidad. No obstante, existen seres humanos que no poseen racionalidad alguna, como un recién nacido, un ser humano con alguna discapacidad mental severa o un ser humano en estado de coma, y a pesar de no tener esa determinada característica, nadie cuestiona su titularidad de derechos. Vemos así que el argumento de la racionalidad es ampliamente criticable y es necesaria una nueva particularidad para ser titular de derechos.

En este trabajo se han analizado las principales posiciones teóricas en favor de la existencia de los derechos de los animales. He llegado a la conclusión de que, si bien el utilitarismo sirvió en un inicio para cuestionar el maltrato que se les da a los animales, es insuficiente para establecer derechos a los animales no humanos. Para el utilitarismo, los intereses de los animales no humanos pueden ceder en razón de los intereses de los humanos, en caso de que hubiera conflicto entre ellos. Además, el utilitarismo está de acuerdo en que se puedan utilizar animales no humanos, siempre y cuando se les dé un trato "humanitario", abogando así, por la creación de leyes de bienestar animal y no derechos propiamente tales. Por lo tanto, la única forma de argumentar la existencia de derechos animales es mediante una ética de derechos, siendo la justificación de tales derechos, la capacidad para experimentar dolor y placer.

La capacidad para sentir (*sintiencia*) es condición suficiente para el reconocimiento de que un ente tenga un interés. Por consiguiente, debemos respetar los intereses de los animales no humanos, como el interés que tienen en vivir y no ser torturados; y estos deben ser protegidos mediante el reconocimiento de derechos subjetivos, lo que tiene como consecuencia que los animales no humanos sean considerados sujetos de derecho.

Es importante recalcar que los animales no humanos no tendrían exactamente los mismos derechos que los seres humanos, sino que tendrían derechos acordes a sus intereses, como el derecho a la vida; sería absurdo otorgarle, por ejemplo, a una vaca el derecho a sufragio, siendo que no tiene interés en votar.

¿Es absurdo considerar a los animales no humanos como personas? La respuesta es no. Lo anterior se justifica porque no es necesario tener responsabilidad para ser titular de derechos. Los impúberes y los dementes no pueden obrar por sí mismos en la vida jurídica, e igualmente son considerados personas. El Código Civil, en razón a su falta de capacidad jurídica, los denomina incapaces absolutos.

He llegado a la conclusión que los animales no humanos deberían tener la misma categoría que los anteriores, pudiendo actuar en la vida jurídica mediante representantes legales.

Ya es hora de que el ser humano deje de ser el centro del universo, el "ser racional intocable detentador de derechos" y le reconozcamos derechos a los animales no humanos puesto que son seres dotados de sensibilidad, tienen la capacidad de experimentar placer y padecer dolor, y poseen intereses propios que deben ser respetados.

BIBLIOGRAFÍA

ALESSANDRI. A, SOMARRIVA. M y VODANOVIC A. 2005. *Tratado de derecho civil: partes preliminar y general*, Tomo Primero. 7a ed. Santiago, Editorial Jurídica de Chile.

ALESSANDRI, A., SOMARRIVA. M y VODANOVIC A. 2009. *Tratado de Derecho Civil. Partes preliminar y general*, tomo dos. Santiago, Editorial Jurídica de Chile.

ALMONACID, L. *El recurso de amparo o habeas corpus*. Universidad de Magallanes.

AUDI, R. 2004. *Diccionario Akal de Filosofía*. Akal.

BARROS, E. 1999. Límites de los Derechos Subjetivos Privados. Introducción a la doctrina del Abuso del Derecho. En *Revista de Derecho y Humanidades* (7): 11-37.

BARROS, E. *Derecho Civil I, Tercera Parte*. Escuela de Derecho, Universidad de Chile, Apuntes de clases.

BARRY, B. 1989. *Theories of Justice*, University of California Press, Berkeley-Los Ángeles.

BENTHAM, JEREMY. 1907. *Introduction to the Principles of Morals and Legislation*. Oxford, Clarendon Press.

BLANCO, S. 2012. Reflexiones morales sobre los animales en la filosofía de Martha Nussbaum. En *Revista de Bioética y Derecho*, (25): 59-72.

CÁMARA DE CASACIÓN PENAL, Buenos Aires. 18 de diciembre de 2014. Orangután Sandra s/recurso de casación s/HABEAS CORPUS. Causa N° CCC 68831/2014/CFC1.

CAVALIERI, P. 2001. *The Animal Question. Why Nonhuman Animals Deserve Human Rights*, Oxford University Press, Oxford-Nueva York (traducción de Catherine Woollard del original *La Questione Animale*, 1999). pp. 110-111.

CHAIGNEAU, A. 2002. *Tramitaciones en las Cortes de Apelaciones*, 5ª ed. Santiago, Editorial Jurídica de Chile.

COHN, P. 1999. Una concepción inherentista de los animales. *Teorema: Revista Internacional de Filosofía*. 18 (3): 85-101.

DE BAGGIS, GUSTAVO. 2015. Solicitud de Hábeas Corpus para la Orangután Sandra. Comentario a propósito de la Sentencia de la Cámara Federal de Casación Penal de la Ciudad Autónoma de Buenos Aires, de 18 de diciembre de 2014. [en línea] <http://www.derechoanimal.info/images/pdf/GFB-Habeas-Corpus-Sandra.pdf> [consultada: 1 Julio 2017]

DE LORA, PABLO. 2003. *Justicia para los animales*. Madrid, Alianza Editorial.

FIGUEROA, G. 2010. *Curso de Derecho Civil. Tomo 1*. Santiago, Editorial Jurídica de Chile.

FRANCIONE, GARY. 1995. *Animals, Property and the Law*. Filadelfia, Temple University Press.

FRANCIONE, G. 1996. *Rain without Thunder*. Philadelphia, Temple University Press.

FRANCIONE, G. 1999. El error de Bentham (y el de Singer). *Revista Teorema*. 9 (19): 39-60.

FRANCIONE, G. 2000. *Introduction to Animal Rights: your child or the dog?* Philadelphia, Temple University Press.

FRANCIONE, GARY. 2008. *Animals as persons*. New York, Columbia University Press.

GARRIDO, M y FERNÁNDEZ A. 1989. *Nociones jurídicas básicas*. Madrid, UNED.

GOMEZ, P. 1995. Caracteres generales de la filosofía utilitarista y su incidencia en la concepción de los derechos. *Revista de Derecho de la Universidad Católica de Valparaíso*, 16: 175-192.

HART, H. 1974. ¿Existen derechos naturales? *Filosofía Política*. México- Madrid-Buenos Aires, Anthony Quinton. (traducción de E. L. Suárez del original «Are there Any Natural Rights?» aparecida por primera vez en el volumen 64 de la *Philosophical Review* de 1955).

HART, H. 1983. *Essays in Jurisprudence and Philosophy*. Oxford, Clarendon Press.

HIERRO, L. 2002. *El concepto de justicia y la teoría de los derechos*. Madrid, Alianza.

HORTA, O. 2009. El cuestionamiento del antropocentrismo: distintos enfoques normativos. En *Revista de Bioética y Derecho* (16): 36-39.

KANT, I. 1921. *Fundamentación de la metafísica de las costumbres*. (traducción Manuel García). Madrid, Calpe.

KANT, I. 2008. *Lecciones de ética* (trad. Roberto Rodríguez y Concha Roldán). Barcelona, Crítica.

LEYTON, F. 2010.Literatura básica en torno al especismo y los derechos animales. *Revista de Bioética y Derecho* (19): 14-16.

LIGA INTERNACIONAL DE LOS DERECHOS DEL ANIMAL. 1977.

Declaración Universal de los Derechos de los Animales. [en línea] <http://www2.me.gov.ar/efeme/diaanimal/derecho.html> [consulta: 5 de octubre de 2017]

MORALES, H. 2015. Estatus moral y concepto de persona. En: VERGARA, FABIOLA. *Problemas actuales de la filosofía jurídica.* Santiago, Librotecnia.

NUSSBAUM, M y SUNSTEIN, C. 2004. Beyond "compassion and humanity". En: *Justice for Nonhuman Animals.* New York, Oxford University Press.

NUSSBAUM, M. 2007a. *Justicia poética.* Barcelona, Andrés Bello.

NUSSBAUM, M. 2007b. *Frontiers of Justice.* Cambridge, Harvard University Press.

PÁRAMO, A. 1996. Derecho subjetivo. *Enciclopedia Iberoamericana de Filosofía* (vol.11). Madrid, Trotta.

RAWLS, J. 1971. *A Theory of Justice.* Cambridge, Harvard University Press.

REGAN, T. 1980. Utilitarianism, vegetarianism, and animal rights. En *Philosophy and Public Affairs*, 9 (4): 305-324.

REGAN, T. 1999. Poniendo a las personas en su sitio. *Teorema: Revista Internacional de Filosofía* 18 (3): 17-37.

RIECHMANN, J. 2005. *Todos los animales somos hermanos.* Madrid, Catarata.

SALT, H. 1999. *Los derechos de los animales.* Madrid, Los libros de la Catarata.

SINGER, P. 1979. *Ética práctica.* 2ª ed. Cambridge, Cambridge University Press.

SINGER, P. 1980. Utilitarianism and Vegetarianism. En *Philosophy and Public Affairs*, 9 (4): 325-337.

SINGER, P. 1990a. *Liberación animal.* 2a ed. Madrid, Editorial Trotta.

SINGER, P. 1990b. «Animals and the Value of Life», en *Matters of Life and Death. New Introductory Essays in Moral Philosophy,* Tom Regan (ed.), McGraw-Hill, (ed., 1980).

TAFALLA, M. 2007. La defensa de los animales: Razones para un movimiento moral. En *Revista cultural crítica* 57 (941): 58-61.

THORBURN, M. 2012. What is a Person? En: *Oxford Journals.* 26 (103).

TOOLEY, M. Abortion: Why a Liberal View is correct? En: *Abortion: Three Perspectives.* Oxford, Oxford University Press.

VALDIVIA, H. 2016. *Ética animal: bienestar de los animales no humanos contra el especismo contemporáneo.* Memoria de Grado en Filosofía. Lima, Universidad Nacional Mayor de San Marcos.

VÁZQUEZ, R. y VALENCIA A. 2016. La creciente importancia de los debates antiespecistas en la teoría política contemporánea: del bienestarismo al abolicionismo. En *Revista Española de Ciencia Política* (42): 147-164.

VIOLA, F. 1999. *La ética de los derechos.* Doxa (22).

ZAFFARONI, E. 2002. *Derecho Penal – Parte General.* Buenos Aires, Ediar.

ZAFFARONI, E. 2011. *La Pachamama y el humano.* Buenos Aires, Ediciones Colihue.

El estatus jurídico de los animales. Los animales como personas
de
GABRIELA ACOSTA PIZARRO
se imprimió en la República
en mayo de 2023.

Made in United States
Troutdale, OR
10/11/2026

55580974R00046